第一次自助游超简单

United States of America

2015—2016年版

第一次自助游美国超简单

李思娴　编著
李思娴　行遍天下记者群　摄影

北京·旅游教育出版社

CONTENTS

第一次自助游美国超简单 2015—2016年版

007	推荐序	055	**Chapter 2 齐全准备篇**
008	作者序	056	收集情报
009	美国全图	059	规划行程
		062	准备证件
010	**Chapter 1 认识美国篇**	064	购买机票
011	玩美五大理由	066	自驾游准备
012	跟美国有关的20个问题	070	预订住宿
016	美国基本情报	074	准备旅费
018	看地图认识美国	076	打包行李
020	吃在美国		
026	运动在美国	**079**	**Chapter 3 快乐出发篇**
030	买在美国	080	出入机场
033	玩在美国	085	美国机场对外交通
040	赏在美国	091	美国当地交通工具
050	精彩节庆在美国		

101 Chapter 4 达人行程篇

- 102　行程1：纽约经典完全攻略5日游
- 105　行程2：洛杉矶好莱坞6日游
- 108　行程3：佛罗里达州6日游
- 110　行程4：西雅图与近郊5日游
- 112　行程5：美国东北部双城7日游
- 115　行程6：旧金山与近郊7日游
- 118　行程7：黄金西海岸10日游
- 121　行程8：五大湖区10日游
- 124　行程9：夏威夷岛屿风情5日游
- 126　行程10：横跨美国壮游14日游

131 Chapter 5 分区导览篇

132｜新英格兰与中大西洋
- 华盛顿哥伦比亚特区
- 纽约州
- 宾夕法尼亚州
- 西弗吉尼亚州
- 弗吉尼亚州
- 缅因州
- 新罕布什尔州
- 马萨诸塞州
- 佛蒙特州
- 罗得岛州
- 康涅狄格州
- 新泽西州
- 特拉华州
- 马里兰州

140｜佛罗里达与南部
- 佛罗里达州
- 北卡罗莱纳州
- 南卡罗莱纳州
- 田纳西州
- 路易斯安那州
- 阿肯色州
- 佐治亚州
- 阿拉巴马州
- 肯塔基州
- 密西西比州

146｜得克萨斯州、北美大平原与中西部
- 得克萨斯州
- 伊利诺伊州
- 印第安纳州
- 密歇根州
- 明尼苏达州
- 威斯康星州
- 俄亥俄州
- 北达科他州
- 南达科他州
- 俄克拉荷马州
- 堪萨斯州
- 内布拉斯加州
- 爱荷华州
- 密苏里州

154｜落基山脉与西南部
- 科罗拉多州
- 内华达州
- 亚利桑那州
- 新墨西哥州
- 犹他州
- 蒙大拿州
- 怀俄明州
- 爱达荷州

160｜加利福尼亚州与西北太平洋
- 加利福尼亚州
- 俄勒冈州
- 华盛顿州

164｜海外州与境外领土
- 夏威夷州
- 阿拉斯加州
- 关岛
- 北马利安纳群岛
- 美属维京群岛
- 波多黎各

171 Chapter 6 旅游资讯篇

- 172　实用资讯
- 174　实用旅行美语

一圆美国梦，就趁现在

充满多元民族文化，自然、人文兼容并蓄，幅员辽阔、美景独具的美国，与中国关系密切。无论探亲访友、商务洽公，甚或旅行，多年来中国人往返中美之间相当频繁。一圆美国梦，就趁现在！

玩美国可以很悠哉，无论是躺卧在纽约中央公园的草地上，赏人、赏景度过悠闲的夏日午后；亲临沙漠不夜城拉斯维加斯，体验真实却如梦似幻的世界；心醉芝加哥，探索现代、古典并存的和谐，日景、夜色皆令人充满惊喜的都市天际线；巡游旧金山，搭乘叮当车体会独有高低起伏地形，静眺云雾中的金门大桥；抑或流连忘返于素有"天使之城"美名的洛杉矶，感受南加州的热情……美国，Land of Dreams，永远有您发掘不完的惊喜与悸动。

《第一次自助游美国超简单》一书的出版，更让爱旅游却怕麻烦的您，有了出发前、出发后按图索骥的实用参考。前往美国，心动不如马上行动！

您准备好遨游美国这个缤纷多彩的国度了吗？Let's discover America！

唐静仪

作者序

美国，出其不意

这是一趟出其不意的旅程。以美国加州旧金山低海特区（Lower Haight）为起点，或可说是从新北市新店区花园新城的家、苗栗通霄火车站和丈夫Aaron Cruse结识起，就开始了在美国横冲直撞的生活。然而说起促成对美国这块土地的狂热真正在我心中萌芽的，是26岁时那一整个夏天肆无忌惮的旅程。

在旧金山买了台二手天蓝色公路车，骑着它迎着风从山丘上顺滑而下，沿着散发桉树香气的平锅柄公园（Panhandle Park），一直骑进永远都有新鲜事的金门公园（Golden Gate Park），再不偏不倚地抵达自行车道尽头的海洋海岸（Ocean Beach）。走进一家墨西哥卷饼店，告诉总爱开玩笑的店员今天想吃蔬菜卷饼（Vegetable Burrito），并且一定要加上黑豆、鳄梨和酸奶油，这时的我可能会收到小道消息，心爱的乐团将在阿米巴唱片行（Amoeba Record）演出。或是得和朋友相约哪家当地酿酒厂附属的酒吧碰面。

租辆汽车离开旧金山，沿着滨海的1号公路往南驶去洛杉矶，毫无预期会见到令我着迷的大自然惊艳景色的动植物生态、表面平静却暗藏伏流的海湾、在水面上露出半颗头古灵精怪地盯着我的海狮、数百只无视观光客存在、占据整片沙滩的海豹、眼前不知名的高山，以及感受到路途上每一个足以令人体会美国土地之浩瀚的瞬间；同样从旧金山出发一路向北至西雅图的公路旅行，沿途视线所及的火山景观尽管都再写实不过，却在我心中倾泻出满满美国西岸近乎完美的不真实感。

飞越中部、跨越时区到美国东岸，让我又爱又恨的纽约在圣诞节时梦幻得不像话，意大利、犹太熟食店里中气十足的中年男子身手利落，手中堆叠着安东尼·波登在节目上赞不绝口的腌牛肉、吐司和腌黄瓜，不矫饰地将粗盐腌牛肉三明治（Corned Beef Sandwich）装盘送到你面前，什么季节吃都适合……不忍心亲自到约翰·列侬（John Lennon）故居斜对面的"永远的草莓园"（Strawberry Field）吊唁，却在每一次纽约之行时，心里总挂念着再访这片心里永远的痛。

定居美国后，卸下异域旅行者的身份，随着美国家人开始"国内旅行"，往返旧金山与北卡罗莱纳州，到家人位于海河交界处的度假小屋远离网络世界嘈杂，坐在帆船旁的木栈码头上看着蜂鸟忙出忙进，划着独木舟前往不熟悉的流域探险、野地露营，或借着好友在肯塔基州农牧场举办婚礼的机会，再次和老公开车上路行驶近10个小时，和远从中国台湾、纽约和华盛顿哥伦比亚特区前去的朋友在婚礼派对上跳舞，喝着啤酒、泡在按摩浴缸里仰望毫无光害的星空与明月。

对在美国旅行的经验，这回整理、撰写出这本旅游指南书《第一次自助游美国超简单》，与宏硕文化编辑孟慧及编辑团队合作从企划、撰写、编辑至成品，终于将美国自助旅游所需准备的事前、旅行当下工夫，以最直白、浅显易懂的方法呈现给读者，期望能帮助到初次踏上美国大陆、需要精辟点解的旅行者。整装上路吧！美国见。

李思娴

Chapter 1
认识美国篇

跟美国有关的20个问题	012
美国基本情报	016
看地图认识美国	018
吃在美国	020
运动在美国	026
买在美国	030
玩在美国	033
赏在美国	040
精彩节庆在美国	050

符号代表信息
址 地点位置　电 相关电话　时 营业时间　网 相关网址
票 参观门票　费 费用　交 交通方式

玩美五大理由

聚集多元种族,国际文化熔炉

200多年来,以移民为居民主体的美国,聚集了来自世界各地不同种族的人们,在这梦想发生地,各自追寻人生的方向。当你行走在美国的大都会里时,感受会更为强烈,身边操着各种口音的人们、口味迥异但坚持寻找美味的食物,以及文化背景所散发出的鲜明色彩,都令人为之倾倒,并且时时刻刻从中都能感受到多元所带来的惊喜。

浑然天成美景,自然景观震撼

美国拥有丰富的自然地理景观,从最令人熟悉的黄石公园老忠实间歇喷泉、自然遗产大峡谷,到优美神奇的火瀑布,处处都是他处难以比拟的景象,很难不令人感到无比震撼。而动植物的多样性,也造就自然最具生命力的深度,只要到国家公园或自然保护区,不难见到多种野生动物翩然现身。

遍布电影场景,恍如置身梦中

好莱坞电影影响遍及全世界,产量极大的电影工业,多数以美国为主要场景发生地,不管是街头实景,还是占地辽阔的摄影棚,皆使人们在观赏电影中,无形攫取美国印象。知名场景如纽约洛克菲勒中心前的圣诞树及溜冰场、下着雪的中央公园、电影《金刚》经典场景"帝国大厦",还有洛杉矶的"HOLLYWOOD"标志等,都是足以让电影迷尖叫朝拜的圣地。

国土辽阔绵延,风情千变万化

美国幅员广大,因地理、历史变迁造就万种风情。美国本土所涵盖的气候也极具变化,同一时间内,一个国家可以有地方无比炎热,另一处则终年积雪。若在初夏时前往高山上探险,有机会一天内体验到四季变迁之感。各种环境条件下,也让居民顺应出各种装扮及生活习惯。而美国本土外的领土如夏威夷州、阿拉斯加州,皆具有独特之美等待旅人挖掘。

齐聚顶尖品牌,直捣世界中心

不管是时尚、科技,还是任何国际上关注的消息,美国的品牌总会被一再提起,俨然是全世界最受瞩目的焦点,时代广场前各大品牌的店面装潢、商品齐全度可说是世界第一气派。美国的新发明与新概念也改变人类生活,例如苹果、微软、脸书等公司的产品,已成为足以左右人们行为的市场龙头。想在事业上闯出一片天的有志者,往往也以美国为终极目标,在这个世界中心脚踏实地努力耕耘。

跟美国有关的

1 东岸和西岸在同时区

美国本土的时区分东部标准时、中部标准时、山区标准时和太平洋标准时，境外领土的时区也各异。每年3月第2个周日至11月第1个周日，除了少数地区如夏威夷州、亚利桑那州等部分区域，全美皆实行夏令时，须将时间调快1小时。夏令时外的时间，西岸所属的太平洋标准时间，比中国慢15小时；东岸所属的东部标准时，比中国慢12小时。

2 夏天很热？冬天很冷

涵盖了亚热带地中海型、海洋性温带阔叶林及大陆性温带阔叶林等气候的美国，每一区都有自身显著的气候特色。以西岸的旧金山来说，全年气温13℃～25℃，只有11月至次年3月降雨量较多，且因内陆热气与海洋水气交会，在夏天容易产生寒冷的雾气，走在路上会见到人们在大太阳下戴太阳镜、身穿毛衣、戴皮帽的景象；而在北部及山区，冬季气温零下乃家常便饭。

3 货币使用习惯

符号"$"表示美元，"¢"则表示美分。一般来说最常用到的纸钞是20、1元，硬币则为25、5分。目前美金1元约可兑换人民币6.1464元（2014年8月汇率）。建议出国前可将携带金额一半兑换为100元美金大钞，另外一半兑换为20元及1元钞票，保留较大的弹性空间。除了现金之外，在美国塑料货币、支票都是常见的付款方式。**更多货币介绍 ▶详见 p.074**

4 一卡在手畅行无阻

在美国使用信用卡、金融卡消费的情形很普遍，一般来说去餐厅、加油站都可使用塑料货币，但在超市则得视店家状况，酒吧也收信用卡。但一般来说在人潮熙攘的环境下最好付现金，利己利人。

5 消费水准

美国社会和经济研究委员会（Council for Community and Economic Research）最近公布美国前十大消费指数最高的城市，依次是纽约曼哈顿区、纽约布鲁克林区、夏威夷檀香山、旧金山、圣荷西、纽约皇后区、斯坦福、华盛顿哥伦比亚特区、橘郡、波士顿。这几个城市也同时为旅游观光的胜地，一般来说在普通餐厅吃饭，若非特价时段，一道菜约$10、一块比萨约$2.5、一杯啤酒约$4起价，此外还得再加上小费与税金，一趟美国行可得好好精打细算。

准备旅费 ▶详见 p.074

Chapter 1 认识美国篇

6 免签代表可自由进出美国
想要在美国旅行，仍然需要循传统途径申请签证。

7 电压与网络便利性
美国的电压是120V、频率是60Hz，中国一般为220V，中国所有电器在美国必须采用电源变压器才能使用。纽约多为3孔插座，因此配备3孔插头电器才可使用。到了美国，可以去买手机预付Sim卡，持有3G手机就可以移动上网。

20个问题
出发前一定要知道的事

8 交通状况？一定要开车
对于不习惯开车的游客来说，全美公共交通运输工具发达的城市有纽约、旧金山、波士顿、芝加哥等，靠着地铁和巴士就能畅行无阻。城市以外，对外连接的交通工具除了开车，还有短程、长途巴士和火车。若想要去郊外玩耍，开车会是参加旅行团外最便利的选择，到了大城市之外的二线、三线城市，不开车绝对寸步难行。交通资讯 ▶详见 p.066、091

9 当地治安情况
在失业狂潮席卷下，近年美国最危险的城市为底特律、亚特兰大，连美国当地人都避之唯恐不及。除了网上流传的重点危险城市，美国大部分的区域人民可拥有枪支、帮派成群结队，且愈大的城市人口愈复杂，也形成许多不成文规定下的治安死角，旅行时务必当心。

更多治安提醒 ▶详见 p.172

10 有色人种很恐怖
美国的多元文化之所以吸引人，来自世界各地种族的人们功不可没。除了美国原住民之外，所有的美国人都是不同阶段的移民，当然肤色也都不一样。特别在居民友善的城市，走在路上跟陌生人打招呼寒暄，是很正常的事情。人不应该有种族歧视，尤其在美国因为这类议题敏感，要特别注意用词遣句，不应该拿肤色来开玩笑。

11 商店营业时间与购物须知

一般餐厅营业时间为上午10点至21:00，超市营业时间为上午10点至傍晚，而部分城市的酒吧营业到凌晨2点。一年当中圣诞夜和圣诞节、独立日、阵亡将士纪念日、感恩节和劳工节，全国的商店几乎都会停止营业，就算是大城市也会瞬间变成空城。在美国血拼，记得消费总额乃包含原价及该州购物税；若在餐厅消费，还得加上10%以上的小费。

12 一定要付小费

在美国只要是有接受到他人的服务，一定要给小费。以餐厅来说，15%至18%的小费最为恰当。若用信用卡刷卡，签账单上除了餐点总价和税金，还会有一栏"小费"（Tip），有些店家会直接帮客人计算好小费，通常会以"Gratuity"显示。在旅馆若行李员帮忙提行李，则一件行李1美元；在酒吧点一杯酒需给小费1美金，可放在吧台上。有时候会遇到账单金额加小费金额，几乎等于一张大钞的金额，此时顾客可选择告诉服务生是不是需要找钱。

13 各州、市的购物税是否不同？可以退税吗

美国免税的州只有俄勒冈、蒙大拿、特拉华和新罕布什尔州，其余的州各有不同标准的购物税。只有德州和路易斯安那州可以退税，其他的州都不可以。就算是有退税的州，也不是每个品项都可以退。建议在购物中心时可去"Tax Back"柜台详细询问。

14 便宜有好货

在美国，几乎没有所谓"便宜"的商品，但部分美国出品的电子产品、服饰品牌，因为在美国是"当地"品牌，所以价格会比在中国买划算。而想要捡便宜的人，往往会在感恩节后一天和圣诞节前夕大肆采购，因为凡遇到美国的重要节庆，各大百货公司和商店都会有优惠价。

15 只有汉堡、薯条和起司可吃

在美国速食文化影响下，仿佛提起美国食物，就只有汉堡、薯条和起司，但其实在美国不仅拥有各种改良过的异国料理，更因为居民遍布不同人种，各种"家乡味"也随之风行。美国的速食，除了少数当地品牌之外，国际连锁店所供应的食物，都不比中国分店来的好吃。想要吃美味的汉堡和薯条，餐厅会是最好的选择。

Chapter1 认识美国篇

美国的水可否生饮

在美国，大部分皆可以直接饮用从厨房水龙头流出的水，例如主要城市旧金山、纽约，都可以直接饮用，但其中还牵扯到管线是否老旧、是否有污染的突发状况。建议既然是出国旅行，为了避免身体不适，还是以饮用过滤过的水比较好。

16

17

咖啡不加糖

在美国点上一杯咖啡，不必特别说要不要加糖，因为咖啡师会调制传统比例的咖啡，让顾客自己去旁边的台子加糖、蜂蜜或奶精。当你说想喝一杯"咖啡"，通常就是指黑咖啡了。

公共场所可随意拍照

一般来说，禁止拍照的地方都会有标示，主要是为了维护客人隐私权，且相机的闪光容易影响邻座顾客，因此部分高级餐厅不允许顾客拍摄美食照片，而图书馆通常也不允许摄影。建议拍照前可先询问工作人员，而当被制止时，就应该尊重当地的规定。

18

19

看病真的很贵

美国没有像中国一样的医保，通常是自行买药或向私人机构买医疗保险，且月缴费用不低，并限制医院及可预约的医生。所以对于没有买医疗保险的人，包括游客，万一就医所需缴纳的费用非常昂贵，去一趟急诊室要有花万元人民币的心理准备。

受困风景区怎么办

美国幅员广大且会有许多无法预期的突发状况，例如在较为偏僻的公园，极有可能遇到熊或是蛇，或者万一迷路该怎么办？这时只能靠平时累积的知识应对，尽量不独自走离主要健行步道。若真的受困，只能拨打911救援电话了。

20

美国基本情报

有了这些知识，是成为美国通的第一步

地理环境

美国总国土面积约962.9万平方公里，排行全世界第四大。共有50州，本土由48州及联邦直辖特区组成。位于美洲中部，北部陆地紧临加拿大，南部毗邻墨西哥、墨西哥湾，东临大西洋，西临太平洋。另外阿拉斯加州位于美国本土西北方，与加拿大、白令海峡相连。夏威夷州则是介于台湾与美国西海岸间的太平洋岛屿。而大家熟知的关岛、波多黎各等地，则被视为美国的海外领土或属地，不隶属任何一州。

■美国小常识
美国命名的由来

美国的全名是"United States of America"，简称US、USA，或可只称America。之所以名为"America"，是因为1501年发现美洲新大陆的航海家名为Amerigo Vespucci（亚美利哥·韦斯普奇），在那之前，各国的探险家都以为美洲是亚洲的一部分。而"United States"则是因为美国乃是由各州组成的联邦制国家。

宗教

基督教新教在美国有很大的影响力，目前政教分离，对宗教信仰抱持自由开放的态度。美国宗教依照信仰人口比例由多至少依序为：基督教新教、天主教、摩门教、东正教、犹太教、佛教、伊斯兰教和其他宗教，衍生出的宗教组织不计其数。

人口

美国的总人口约为3.1亿人，除了北美洲原住民以外，皆为不同时期的移民，是多种民族融合的国家，人口数为世界第三。约有77%的人住在城市，而以美国知名城市为多，常见上百万人的城市，纽约市是人口最多的城市。目前1岁以下的新生儿，有一半非白人。

首都

美国首都华盛顿哥伦比亚特区（Washington, D.C.）位于中大西洋地带，北邻马里兰州，南临弗吉尼亚州，波托马克河流贯其中，面积约178平方公里，不属于任何一州，是联邦直接管辖的特别区域。原本只是一片大草地，略有零星的房舍，1789年时被当时的总统乔治·华盛顿选定为首都，竣工后以华盛顿为名，成为美国重要政治、经济中心，白宫、国会大厦、林肯纪念堂和纪念碑皆坐落于此。市徽是老鹰，约有57万人口，多数为黑人或非裔。而《华盛顿邮报》总部也坐落于此。

图片提供∕Mary A. Behrns

国歌

1931年，美国宣布《星条旗》(The Star-Spangled Banner)为国歌。这首歌由律师弗朗西斯·斯科特·基(Francis Scott Key)作词，英国作曲家约翰·斯塔福德·史密斯(John Stafford Smith)谱曲。歌词是作词者在1814年目睹英、美军队作战时，因见美国国旗在战场上飘扬，受到感触而写下的诗，而后当时的法官建议将此诗搭配上作曲人原有的To Anacreon in Heaven(《致天堂里的阿那克里翁》)一曲，遂成美国国歌。

国旗

由以象征勇气的红色、象征真理的白色，以及象征正义的蓝色组成，13道红白相间的线条象征建国时的13个殖民地，而左上角的蓝色长方形区块，则布满代表50州的白色五角星。一般人称之为星条旗，正式名称为合众国旗(The Flag of the United States)。很多人会在家门口悬挂国旗，彰显这个国家带给人民的个人自由。

政治形态

美国采取总统制，总统是国家元首、最高行政首长及三军统帅，每四年选一次，最多仅能连任一次。主要两大政党为民主党与共和党。而联邦权力机构以立法机关、行政机关和司法机关相互监督。国家政权采取共和立宪制，宪法为根本大法，在不抵触宪法之前提下，联邦、各州政府及各市都有自己的法律。

语言

英语是最普及的语言，通行全美国。有趣的是美国联邦没有颁令官方语言，但部分州通过该州法律保障英语的地位。除了英语，西班牙语的使用人口几近3 000万人，在新墨西哥州以及墨西哥人群聚的社区使用率极高。另外汉语、法语、德语及越南语，在美国也有一定的使用比例。

■美国小常识

美国的科技及社群力量

近年风靡全球的社交网络脸书(Facebook)、推特(Twitter)，以及全世界都喊得出名字的科技公司如谷歌(Google)、苹果(Apple)等，总部大都坐落在美国加州旧金山湾区域，研发出改变人类生活并造成影响力的新视野。在过去有许多人类历史上重要的发明像是飞机、电话和灯泡等，也都是来自美国。国家倾注巨大的心血在发展太空科技上，发展出人类未来有可能的生活样貌。美国可说是在科技和科学研究上首屈一指的强国。

■美国小常识

美国节庆的重要性

美国人非常重视感恩节、圣诞节等节日，除了明定为法定假日，节日当天服务业也将营业时间提前，商店大概下午五六点即会关门，好让所有的员工回家和家人团聚，共度温馨的时刻。感恩节在每年11月最后一个星期四，美国最有名的活动是纽约的梅西百货(Macy's)感恩节大游行，家人团聚吃塞有蔓越莓、薯泥等料的火鸡，以现代的方式缅怀及感念当年英国清教徒到美国，受到原住民援助得以度过冬天的历史。每年12月25日的圣诞节，乃是后人所考定的耶稣诞生日，这时店家会在前一晚平安夜陆续结束营业，一直休息到圣诞节过后才开门，观光客往往只能看着橱窗逛街。

看地图认识美国

从北到南六大区，快速掌握地道特色

美国的总面积约962.9万平方公里，是由50个州、华盛顿哥伦比亚特区以及少数境外领土所组成的联邦制国家，以地理和历史人文特色，我们可将之分为新英格兰与中大西洋，佛罗里达与南部，得克萨斯州、北美大平原与中西部，落基山脉与西南部，加利福尼亚州与西北太平洋和海外州与境外领土，最大的城市是纽约市，最高的山峰是麦金利山。

❶ 新英格兰与中大西洋 New England & Mid-Atlantic

由马里兰、哥伦比亚特区、特拉华、新泽西、康乃狄克、罗得岛、马萨诸塞、新罕布什尔、缅因、佛蒙特、纽约、宾夕法尼亚、弗吉尼亚、西吉尼亚州组成，17世纪时远从英国而来的清教徒于此地上岸，开拓美国疆土开始新生活，使此地成为最富美国历史教育意义的地区。观光不可错过的纽约、波士顿和费城也位于此区，距离城市不远处的自然景观如哈德逊河谷、尼加拉瀑布、著名的哈佛广场大学城，都是极具吸引力的景点。

Chapter 1 认识美国篇

2 佛罗里达与南部 Florida & South

是最具美国特有南方色彩的区域，由佛罗里达、北卡罗莱纳、佐治亚、肯塔基、南卡罗莱纳、阿拉巴马、阿肯色、路易斯安那、密西西比、田纳西州组成。佛罗里达的迈阿密（Miami）以聚集俊男美女的南滩（South Beach）远近驰名，再往南一连串宛如珍珠项链的岛屿，有高速公路连接各岛，可直达最靠近古巴的西屿（Key West）。南部地区的州极富美国传统况味，北卡罗莱纳州的大烟山国家公园（Great Smoky Mountain）则是全美最多人造访的国家公园之一。

3 得克萨斯州、北美大平原与中西部 Texas, Great Plains and Midwest

结合宏伟壮观的自然景色、独特的文化性和生气蓬勃的小镇，由得克萨斯、伊利诺伊、北达科他、南达科他、内布拉斯加、俄克拉荷马、堪萨斯、印第安纳、密西根、爱荷华、明尼苏达、密苏里、威斯康星、俄亥俄州组成。建筑与城市景观值得深入研究的芝加哥、拒绝使用现代科技且与外界隔绝的阿米希社区（Amish）、宛如月球表面的恶地国家公园（Bad Lands）及热闹欢腾的奥斯汀（Austin）也皆位于此区。气候较为极端，北部地区冬天气温零下，但绝对适合在春、夏季前往探险，是聚集多变性格的美丽境地。

4 落基山脉与西南部 Rocky Mountains & Southwest

超过4 800公里，横贯美国北到南，落基山脉在夏天既可去冰河国家公园探险，冬天则是世界著名的滑雪胜地。此区包括内华达、科罗拉多、亚利桑那、新墨西哥、犹他、蒙大拿、怀俄明及爱达荷州，在自然景观上以出众的山景著名，如蒙大拿州的黄石公园、犹他州境内的大峡谷。西南方则以沙漠景观令人心驰神往，很适合在此开车进行公路旅行，对喜爱户外运动的人来说是天堂。

5 加利福尼亚州与西北太平洋 California & Pacific Northwest

乃由加利福尼亚、华盛顿、俄勒冈州组成，全美最受欢迎的西岸城市都坐落于此，从北边的西雅图到波特兰、旧金山、洛杉矶和圣地亚哥，尽管冬天气温相差甚大，但同样拥有湛蓝的美丽天空。物产丰饶的加州拥有全美最知名的酒乡纳帕谷（Napa）以及传说中有火瀑布的胜地国家公园（Yosemite），俄勒冈州的火山群也非常值得一游，处处是大自然赋予的惊喜。

6 海外州与境外领土 Alaska, Hawaii and others

阿拉斯加、夏威夷州同属非美国本土的州别，同样都是深具吸引力的观光景点。阿拉斯加最著名的就是赏极光，凡是有幸看到极光的人们，几乎都会乐不可支；或是规划一趟邮轮之旅，直接驶进峡湾，近距离欣赏冰河景观。由数个岛屿组成的夏威夷，岛和岛之间以飞机连接，是极限冲浪者的终极梦想之地，火山景观也令人震撼。美国境外领土关岛、波多黎各也是观光重镇，无敌的海景甚有度假感。

019

吃在美国

无国界美味在舌尖跳跃

因聚集各色人种、文化及饮食习惯，美国的美食也无分国界。若到了纽约，绝对不能错过犹太人的家常料理。去美国南方公路旅行时，若见到偌大的"BBQ"招牌，请务必下车去品尝多油脂的"心灵食物"（Soul Food）。而素食者则能在嬉皮大本营旧金山，同样豪迈地咀嚼最新鲜的有机蔬菜和墨西哥卷饼。

美国经典美食

在美国马铃薯是最常见的主食，但因为多元种族融合，并没有一定的常规，面包、比司吉也都能成为正餐。然而因为美国最核心的原住民生活的发展，玉米、马铃薯和火鸡，都是家家户户每年不可或缺的食物，并以烤、煎为最常见的烹调方式。美国人一大早通常都会在家准备一壶咖啡，搭配简单的面包、麦片等食物，而中午则多吃三明治、比萨或沙拉等快餐，晚上才会吃较为正式的一餐，并搭配蛋糕、冰激凌等餐后甜品。

因为早餐和午餐量都不大，也延伸出双重享受的早午餐（Brunch），可以是蛋卷、可丽饼、松饼搭配薯饼、吐司或沙拉，或者是经典的双蛋配培根、火腿等肉类。在美国服务生都会问蛋烹煮的方式，在一般荷包蛋（Fried egg）下可选择单面煎（Sunnyside Up）、双面煎（Over Easy），另有炒蛋（Scramble）和水煮蛋（Boiled）等可选择，单面煎和双面煎的蛋黄都不会太熟，让人享受蛋汁与其他食物搅拌的美味。因为移民的影响，苹果派、墨西哥卷饼以及贝果等，都已经融入成为美国经典美食的一部分。

哪里吃

94th Aero Squadron（圣地亚哥）址 885 Balboa Ave, San Diego, CA 92123, United States 电 (1)858-560-6771 时 周一至周四11:00-22:00、周五11:00-23:00、周六16:00-22:00、周日09:00-21:00 网 www.94thaerosquadron.signonsandiego.com

Belga Cafe（华盛顿哥伦比亚特区）址 514 8th St SE, Washington, DC 20003 电 (1) 202-544-0100 时 周一至周四11:00-22:00、周五11:00-23:00、周六09:00-23:00、周日09:00-21:30 网 www.belgacafe.com

Datz（坦帕）址 2616 S MacDill Ave, Tampa, FL 33629 电 (1) 813-831-7000 时 周一至周四07:00-22:00、周五07:00-23:00、周六08:30-23:00、周日08:30-15:30 网 www.datztampa.com

Chapter 1 认识美国篇

美国南方佳肴

南北战争前因为奴隶制度下,有许多非裔美国人在美国南方做劳动工作,每天所消耗的能量很大,因此延伸出强调以多油脂、热量高为主的心灵食物(Soul Food);口感较粗糙但香气逼人的玉米面包、比司吉,以及猪肠、番茄炖肉都很具南方色彩。此外,蘸上芥末酱的烧烤则具南卡罗莱纳州的特色,另外还有多油脂的炸鸡肉、油炸蔬菜(如裹面包粉炸山葵),以及炖煮黑眼豌豆等,基本上非裔美国人所带来的饮食习惯对此区影响很大。在南方餐厅用餐,服务生一定会问是要甜茶(Sweet Tea)或不甜的茶(Unsweet Tea),因为这里天气较为湿热,甜茶非常普遍,许多知名的汽水如百事可乐、可口可乐,也都是源自于南方。除了南方,纽约哈林区也有众多地道的心灵食物小吃店,埃塞俄比亚食物也很流行。

哪里吃

Praline Connection(新奥尔良)址 542 Frenchmen St New Orleans, LA 70116 电 (1) 504-943-3934 时 11:00-22:00(周五至21:00)网 www.pralineconnection.com
Magnolias(查尔斯顿)址 185 E Bay St, Charleston, SC 29401, United States 电 (1)843-577-7711 时 周一至周四11:30-22:00,周五11:30-23:00,周六10:00-23:00,周日10:00-22:00 网 www.magnolias-blossom-cypress.com

泰、缅、越特色菜

在20世纪60年代的越战后,许多美国大兵经历过亚洲文化的洗礼,并娶了不少来自泰国、越南和缅甸的妻子,回到美国后开始新生活,原汁原味的东南亚菜系也随之迅速在美国蔓延。这些菜系餐厅多数提供传统的泰、缅、越料理,但结合西方口味的泰、缅、越料理也在大城市成为时尚的象征。在旧金山的缅甸料理总大排长龙,其中很特别的是使用茶叶做成的沙拉、椰浆饭等都备受杂志报导推崇。越南的河粉和越南面包、咖啡也很普遍,因应众多美国素食人口,也出现夹有豆腐的越南面包。泰式料理除了泰式餐厅,一般餐厅也多会有一两道以泰式风味衍生出的料理。

Burma Super Star!(旧金山)址 309 Clement St, San Francisco, CA 94118, United States 电 (1)415-387-2147 白天时段11:30-15:30;晚间时段周日至周四17:00-22:00,周六、周日17:00-22:30 网 www.burmasuperstar.com
Bangkok Blue(波士顿)址 651 Boylston Street, Boston 电 (1)617-266-1010 时 周一至周五11:30-22:00,周六,周日12:00-23:00 网 www.bkkblueboston.com

犹太人家常料理

在第二次大战时移居美国的犹太人,最先在纽约落地生根,因此现在若到了纽约玩,千万不能错过正宗的犹太食物!最为人熟知的是"贝果",据说因为水质的关系,纽约的贝果较有韧性,最经典的美式吃法是"鲑鱼鲜奶油贝果"(Lox),经验老到的师傅一刀一刀切下烟熏鲑鱼薄片,再以贝果包覆。"粗盐腌牛肉三明治"(Corned Beef)、"烟熏牛肉三明治"(Pastrami Beef)配上腌黄瓜和腌酸辣椒,也是到了犹太熟食店千万不能错过的美食。在甜点方面,犹太人的甜点特色就是"很甜",大部分的甜点外部都裹上糖霜,佐上蜂蜜食用很普遍。

南北各式中菜

美国的中菜已成为一门显学,像甜咸辣并存的左宗棠鸡(General Tso)、混炒多种蔬菜和肉类的李鸿章杂碎(chop suey),都是移民美国的中国人所发明的。在19世纪时,因为淘金热、建造铁路的关系,美国旧金山开始在中国广东地区招揽工人,也因此广东话在美国比普通话还普及,在美国中式餐馆饭后几乎都会端上的幸运饼干,也是旧金山华人所发明。许多美国人也开始将中菜变换做法,例如研发炸东坡肉、花生酱炒面等。在美国想吃地道的中国台湾料理不容易,通常得到聚集众多中国台湾移民的卫星城市才有机会,珍珠奶茶亦同。

哪里吃

Katz's Delicatesse(纽约) 址 205 E Houston St, New York, NY 10002 电 (1) 212-254-2246 时 周一至周四08:00-22:45、周五至周日24小时 网 katzsdelicatessen.com
Russ & Daughters(纽约) 址 179 E Houston St, New York, NY 10002, United States 电 (1)212-475-4880 时 周一至周五08:00-20:00、周六09:00-19:00、周日08:00-17:50 网 www.russanddaughters.com

哪里吃

Peking City Bistro(路易威尔) 址 12410 Shelbyville Rd, Louisville, KY 40243, United States 电 (1)502-253-6777 时 周一至周四11:30-21:30、周五11:30-22:00、周六12:00-22:00、周日12:00-21:30 www.pekingcitybistro.com
岭南小馆(旧金山) 址 631 Kearny St, San Francisco, CA 94108, United States 电 (1)415-982-7877 时 11:00-21:30 网 rnglounge.com

美式墨西哥菜和古巴料理

加州曾经是墨西哥殖民地,美国大部分说西班牙语的族群都是墨西哥人,也因此墨西哥的料理在美国,特别是邻近墨西哥的加州、得州特别普遍。在加州聚集无数美味的墨西哥料理,懂门道的人绝对不会去连锁店,而是去招牌上写着西班牙文"塔可"(Taco)的"Taqueria"用餐。新鲜的番茄、米、黑豆、起司和饼皮(Tortillas)以及各种肉类是最常见的食材。不能错过的是塔可(Taco)、卷饼(Burrito)和起司饼(Quesadilla),搭配一整条呛辣的墨西哥辣椒(Jalapeno),以及由新鲜番茄佐柠檬、辣椒等其他食材的红、绿酱,是去美国能吃得饱又吃得好的平价料理。洛杉矶的回声公园(Echo Park)区的鲜鱼塔可则是一绝,而古巴料理则在佛罗里达很盛行。

哪里吃

El Castillito(旧金山) 址 136 Church Street San Francisco, CA 94114, United States 电 (1)415-621-3428 时 09:00-23:00
Babita(洛杉矶) 址 1823 S San Gabriel Blvd, San Gabriel, CA 91776 电 (1)626-288-7265 时 周二至周四11:30-14:30/17:30-21:00(周五至22:00)、周六17:30-22:00,周日、周一公休 网 www.russanddaughters.com

Chapter 1 认识美国篇

唇齿留香意式料理

意大利菜在美国的普及性，可说和墨西哥料理不相上下，大量的意大利移民抵达纽约，在曼哈顿岛市中心群聚成小意大利区（Little Italy），在这里孕育出纽约式意大利菜。例如饼皮很薄、香脆，以番茄和起司结合的纽约比萨，就是在1905年由拿坡里的意大利移民开始在纽约出售。在纽约也有意大利熟食店，出售完全地道的风干番茄、肉肠、面条和腌朝天蓟等食材，很轻易就能烹调一餐美味。

哪里吃

Russo Mozzarella & Pasta（纽约）址 344 E 11th St, New York, NY 10003 电 (1)(212) 254-7452 时 周一至周五08:00-19:00，周六至周日10:30-16:30 网 russosmozzarellaandpasta.com

Bizzarro（西雅图）址 1307 N 46th St, Seattle, WA 98103, United States 电 (1)206-632-7471 时 17:00-22:00 网 http://www.bizzarroitaliancafe.com

欧陆情调法式美味

法国家常的可颂面包、可丽饼和法式吐司在美国随处可见，一般烘焙、快餐店都吃得到。法式小酒馆（Bistro）在美国也很盛行，这些正统法式料理餐厅在葡萄酒、起司上的选择也谨守法国用餐规矩，但美国加州日前已禁止店家出售鹅肝与鹅肝类制品，引起喜爱法国传统美食的饕客的抗议。

哪里吃

Petite Jacquelineo（波特兰）址 190 State St, Portland, ME 04101, United States 电 (1)207-553-7044 时 11:30-22:00 网 bistropj.com

Le Rêve Patisserie & Café（密尔瓦基）址 7610 Harwood Ave, Wauwatosa, WI 53213, United States 电 (1)414-778-3333 时 08:00-21:00 网 http://www.lerevecafe.com/

快餐品牌大比拼

美国拥有全世界最高比例的快餐，汉堡、薯条总被认为是美国饮食的象征之一。公认最早的快餐是从1929年至今仍盛行于美国东部的品牌"White Castle（白色城堡）"；而风行全世界的麦当劳，最初只是圣地亚哥的一处热狗摊。到了美国，中国人熟知的快餐大都不甚美味且争议性高，建议不用品尝。美国西岸公认最有名的快餐"IN-N-OUT Burger（进和出汉堡）"，薯条乃是点餐后直接使用新鲜马铃薯现切炸成，并且有秘密菜单如加上秘制酱料的"野兽式薯条"（Animal Style），可以说是很特殊的快餐选择。美国东岸的"Bojangles（堡筒阁）"则以多汁的南方炸鸡最为出名。一般公路旅行时吃到快餐的概率较高，因为休息站多为快餐店聚集地。

哪里吃

IN-N-OUT Burger、FIVE GUYS、Bojangles

023

蕴含生活理念的素食

在特定的城市与地区，特别注重有机、新鲜食材，并多为素食人口。例如在20世纪60年代为嬉皮大本营的旧金山，至今就成为首屈一指的素食流行城市，遍布有机超市，强调产地直送的农夫集市遍地开花。多数餐厅都会提供特别的素食菜单，如豆制的汉堡肉。部分人士还要知道每项食材的上游来源状况，才决定是否要享用这一餐。多数美国素食者吃素不为宗教，因此这里的素食可以有辛辣作料，也十分美味，多半能赢得吃荤者喜爱。

哪里吃

VEDGE（费城）址 1221 Locust Street, Philadelphia, PA 19107 电 (1)215-320-7700 时 周日至周四09:00-22:00，周五、周六09:00-22:30 网 www.vedgerestaurant.com

G-ZEN（布伦特福）址 2 E Main St, Branford, CT 06405, United States 电 (1)203-208-0413 时 16:00-21:00（周日、周一公休）
网 rnglounge.com

印度和中东菜

不管吃素、吃荤者接受度都很高的印度菜，从20世纪90年代开始在美国普及，根据记载这些年间有上千种印度食材被引进美国，其中以北印、南印的料理最为大众化，也有很多印度料理自助餐。中东料理在美国以香料烤肉串（Kabab）、鹰嘴豆饼卷（Falafels）最为人知，由于携带方便，是街头普遍的外带小吃。烧烤类的蔬菜和羊油香料饭也很美味。

哪里吃

Kamdesh Afghan Kabab House（奥克兰）址 346 14th St, Oakland, CA 94612 电 (1)510-286-1900 时 11:00-22:00
Shiva Indian（休斯敦）址 2514 Times Blvd, Houston, TX 77005, United States 电 (1)713-523-4753 时 11:30-20:00
网 shivarestaurant.com

街头小吃带着走

在美国愈来愈流行以小卡车为形态的流动摊贩，每到特定时间会在广场围成一圈，以车为厨房，出售各种料理如墨西哥卷饼、泰式料理、香料烤鸡和韩国料理等。另外也有较小的摊位出售三角饭团、印度薯泥饼等容易携带的小吃。纽约和部分观光地区则很常见出售热狗、犹太饼干的小吃摊，但值不值得一吃就见仁见智了。

哪里吃
旧金山的农夫集市、纽约街头大小巷

清爽美国日式料理

以寿司来说，由于食材的替换性较强，也因此在美国衍生出特定的吃法，比如说加州很流行以鳄梨包裹蟹肉的寿司卷，拉面除了放上传统的叉烧，也提供炸鸡块选择。由于日本文化在美国愈来愈流行，不少较高档的区域也出现清酒专门店，以及各种以日式作料为基底的创意料理。夏威夷、旧金山、新泽西等地都有很高比例的日本移民，经营强调清爽的日式料理。

Tip 你不可不知的用餐单词

中文	英文
菜单	menu
饮料	drinks
沙拉	salad
酱料	dressing
开胃菜	appetizer
主菜	main course
配餐	side
甜点	desert
账单	checks
现金	cash
信用卡	credit card
税金	tax

哪里吃
Matsuri（迈阿密） 址 5759 Bird Rd, Miami, FL 33155 电 (1)305-663-1615 时 周一至周五11:30-22:00，周六、周日05:30-22:00 网 www.matsuri.us
岭南小馆（旧金山） 址 3327 South Las Vegas Boulevard South, Las Vegas, NV 89109 电 (1)702-607-0700 时 11:00-次日01:00 网 sushisamba.com/location/las-vegas

Tip 美国餐厅分类与消费

餐厅

若来到排队餐厅，可至门口前挂的板子上自行登记顺序，等待之后叫号。一般餐厅从前菜、主菜到甜点均有，主菜约美金10元起价。一开始，服务生会前来问需要喝水或饮料，此时要注意，美国人不管天气冷热，饮料都习惯加冰块，此时可特别提醒服务生你的需求。上完饮料后，服务生才会开始点餐。在较高级的餐厅，服饰穿着得宜是必要的。美国餐厅通常在下午两点到五点休息，部分餐厅周一公休。给小费的标准为餐费的15%至18%，以服务优劣为依据。

酒馆

除了部分禁止饮酒的城市，大部分的酒馆都营业到半夜两点，其中在下午两点至晚上七点，多半为酒精类饮品的低价时段Happy Hour，一杯鲜榨的生啤酒往往只要3美元。调酒看城市而定，纽约、洛杉矶等大城市约为10美金起价。每点一杯酒必须给调酒师1元美金小费，可在付账后放在吧台上即可。

快餐店

美国的快餐店，大多开设在高速公路汽车休息站，直接开车去点餐即可。大部分的点餐柜台是得来速（Drive-thru），客人向麦克风直接讲需要的餐点，再往前开到下一个柜台领取餐点。在快餐店通常都不用给小费。

熟食店

美国人很喜欢吃三明治，因此许多知名熟食店（Deli）在用餐时间人潮拥挤，这些店通常都提供半熟或全熟制品，若是全熟制品，多半为10分钟可解决一餐的三明治。由于很多熟食店由意大利人或犹太人经营，因此选择多元。出售半熟制品的店，则多提供各种香肠、起司、腌渍食物，让人下班后回家能轻松烹调。

外送服务

住在美国城市，家门口每天都会收到各种外送食物的广告单，其中以中式料理、比萨和快餐为大宗，等待时间不定。通常送餐人员来后需要给1元美金小费，不然场面会有点尴尬。

运动在美国
美国三大职业运动全年看不完

美国热血运动迷疯狂的程度，从赛事门票销售速度可见一斑，他们在比赛现场全然展现生猛有劲的活力，拥护各州的主场球队，支持的球队赢得冠军胜利时，该州的主要城市一定会出现无比欢腾的场面，想要身处其中感受这样奔放的情绪吗？赶紧规划看球赛游美国的行程吧！

篮球狂潮

美国人爱打篮球、爱看篮球广为人知。篮球运动发源于1891年马萨诸塞州春田市的基督教青年会学校，演变至今成为5人对5人，打完四场比赛后得分最高的球队为胜。在美国最受热爱的联盟是美国职业篮球联赛（National Baseball Association, NBA），分布于美国各地的30个球队，各分属在东区的大西洋组、中央组和东南组，以及西区的太平洋组、西北组和西南组。以2013年的球季为例，无论一开始支持的是哪一区的球队，最后都将目光瞄准进入总冠军赛的迈阿密热火队（Miami Heat）和圣安东尼奥马刺队（San Antonio Spurs）。

中国台湾人最挺的林书豪目前隶属休斯敦火箭队（Houston Rockets），可选择前往休斯敦的丰田中心（Toyota Center）现场替林书豪加油。拥有广大球迷的洛杉矶湖人队（Los Angeles Lakers）也吸引不少球迷前往斯丹普斯中心球场（Staples Center）看绝对精彩的比赛，并且顺游洛杉矶的各大观光景点。只要出发前确定球场位置、买好球票，就能把看NBA列入旅程当中。除了NBA，全美大学体育协会（National Collegiate Athletic Association, NCAA）的篮球锦标赛，由于深入全美各区的大学，每一州都有代表，也因此美国当地篮球迷多死忠支持主场队，鲜有例外。

哪里看
职业运动联盟：美国职业篮球联赛NBA 约每年10月至隔年6月 依照队伍和比赛状况浮动，美金175元至2 251元 http://www.nba.com；买票网址：http://www.nba.com/tickets

Chapter 1 认识美国篇

热血棒球

棒球不管在中国台湾或美国，都是人人为之疯狂的全民运动，同样起源于美国，早在19世纪就有关于棒球运动的文献记载，至今仍然风靡棒球界的辛辛那提红人队（Cincinnati Reds），早在1869年就已经成立！目前美国以美国职棒大联盟（Major League Baseball, MLB）的比赛最为盛行，至2013年已经有110年的历史，是由国家联盟、美国联盟共同创立，近年来因为广招世界各地棒球好手加入，也因此在国际上吸引更多来自不同国家的球迷的支持。

两个联盟的球队各分为东、中和西区，在球季进入季后赛时，美国各地的运动酒吧一定几乎场场播放电视转播赛事，从白天开始就可以听到酒吧里球迷的咆哮声。而球场由于票价范围较广，一般有看台的站票美金17元左右就能入手，对于只是想亲临现场感受棒球狂热气氛的人来说是很好的选择！每隔四年举行的世界棒球经典赛（World Baseball Classic），过去三届的总决赛都在美国洛杉矶、旧金山和圣地亚哥举行，也吸引来自世界各地的球迷到场加油。

哪里看
职业运动联盟：美国职棒大联盟MLB　时 约每年4月至隔年10月　费 美金19元至美金111元　网 http://mlb.mlb.com/home；买票网址：http://mlb.mlb.com/mlb/baseballtickets

剽悍美式足球

虽然说棒球、篮球在美国都很盛行，但若要说美国人更"疯"观赏哪一项运动，美式足球绝对当仁不让，每年国家美式足球联盟（National Football League, NFL）都带来极大的产值收益。目前联盟共有32支球队，分美国美式足球联会和国家美式足球联会，赛季通常在秋、冬，气候条件较为不稳定，也因此看现场比赛的体验变化多端。但想要前往观赏也不是件容易的事，除了门票价格门槛较高外，门票销售速度也很快。

对于中国运动迷而言，美式足球的热门程度反而不如棒球和篮球，但不管平常有没有在注意运动赛事，大部分的人绝对都听过"超级杯"，所谓的超级杯就是美式足球联盟的总冠军赛，因为结合流行文化与娱乐参与盛会，连非运动迷都想看转播，但通常目光都锁定在开球和中场时段的比赛。

哪里看
职业运动联盟：国家美式足球联盟 NFL　时 约每年9月至隔年2月　费 美金79元至美金395元　网 http://www.nfl.com；买票网址：http://www.nfl.com/tickets

027

北美三大赛事旅游黄历

一年四季轮番上阵，北美三大赛事就要让球迷们情绪亢奋一整年！每年都会邀请当年超红流行歌手演唱的NFL超级杯，固定在星期天举行，届时全美上下无不陷入狂欢气氛，准备替支持的美式足球队呐喊。6月有NBA总冠军赛，一路紧追各州所属球队对抗，到东区与西区观看总冠军争夺战的球迷，若事前赴美安排规划得宜，你可以不用盯着电视看球赛，直接前往美国亲临全年度最精彩的体育盛事。

北美重要运动赛事与看球焦点——随着NBA、MLB、NFL比赛环游美国旅行

1月	2月	3月	4月	5月	6月
上 中 下	上 中 下	上 中 下	上 中 下	上 中 下	上 中 下

NFL季后赛（Playoffs） 1月
12支NFL队角逐最后的总冠军，11场季后赛后紧接着就是全年球季的最高潮——超级杯。

NFL超级杯（Super Bowl） 2月第一个周日
超级杯就是NFL的年度冠军赛名称，基本上每年会在1月最后一个周日或是2月第一个周日举行，当天在开场及中场休息时都会有最红的艺人现场演出。

NBA全明星周末（All-Star Weekend）
2月中
不管球队间的竞争关系，全明星周末是展现球员个人魅力的时刻，包括灌篮大赛、混合投篮赛、技巧挑战赛、三分球大赛等都很吸引目光。

MLB春训（Spring Training） 2月中
约莫情人节前后，即是MLB春训开始报到的时间，所有的球员都必须参加春训，才能角逐进入届时开赛时的前25人名单之列。接着在2月底就会展开热身赛，直到例行赛开打前热身才结束。

MLB例行赛（Regular Season）开打 4月上旬
以2013年球季为例，MLB的30支队伍进行162场例行赛，每个分区皆有5支球队争夺分区冠军，每年所需进行的例行赛数不一。

NBA例行赛（Regular Season）结束 4月下旬
30支球队历经五个月的比赛，每支球队共打82场比赛，结束后联盟会计算出东、西两区的前八名队伍，于是共有16支队伍可以角逐季后赛。

NBA季后赛（NBA Playoffs） 4月下旬
16支晋级到季后赛的NBA队伍先角逐分区冠军，采七战四胜制，胜者则能进行下一轮竞赛挑战东、西区冠军。

NBA总决赛（Finals） 6月中旬
东、西区的冠军进行最后一轮比赛，同样采七战四胜制，如果连赢四场就知道谁获得当届NBA总冠军，并且颁发当季最佳球员MVP。

Chapter1 认识美国篇

Tip 如何规划一趟看球赛之旅

Step 1 得知各比赛时程
每一个联盟的赛程时间各异，但每年都在一定的季节开赛，一般来说刚开赛时战况较不激烈，但票价也相对便宜，建议前往观赏已经开打到一半的例行赛时段，到现场看更有感觉。

Step 2 选定前往的球队主场
万一去错了支持的球队场地看比赛，兴致绝对下降不少。一般来说若是支持某球队，就一定要到该球队所属的球场加油打气；若到客场则难免被主场气势震慑，难以尽情替心爱的球队加油。

Step 3 决定旅游路线
若是支持的球队主场位于主要大观光城市，则规划一趟看球之旅就较为容易，且可以顺游当地观光景点；但若位于较为冷门的地区，如何缜密计划兼具观光的看球之旅，则又是一门学问。

Step 4 购买机票与住宿事宜
决定看球赛的时间、地点和旅游路线，就可以着手购买前往美国所需的机票、住宿。

| 7月 | 8月 | 9月 | 10月 | 11月 | 12月 |
| 上 中 下 | 上 中 下 | 上 中 下 | 上 中 下 | 上 中 下 | 上 中 下 |

MLB明星赛（All-Star Game）7月
举行MLB联盟的国联和美联明星赛，由各球队所属的城市轮流举办精彩赛事。

NFL季前赛（Preseason Games）8月上旬
NFL队伍在此时会先进行4场季前赛，部分队伍还会参加职业美式足球名人堂（Pro Football Hall of Fame Game）、美国杯（American Bowl），有点像替之后正式比赛热身。

NFL常规赛（Regular Season）9月
每一队都要进行16场比赛，在17周之内就可以得知进入季后赛的队伍。由于场次不多，门票往往在开卖不久后就售罄。

MLB季后赛（Playoffs）10月
例行赛结束后，共有8队可以进入季后赛，第一轮五战三胜，接下来为七战四胜。

MLB世界大赛（World Series）10月
就是MLB的总冠军赛，由美国联盟和国家联盟争夺冠军宝座。由于每年都在10月举行，也被昵称为秋季经典赛。

NBA例行赛（Regular Season）开打
11月第1个周二

买在美国

美式风格必买商品

从服饰、3C商品，到美味的食品礼物，美国拥有无数名声响亮的世界品牌以及品质保证的原创设计。因为进口关税的问题，不少商品纵使中国也买得到，却不如美国本土的物美价廉与产品系列完整。其中，各大名牌的Outlet更是血拼族人向往的大采购终极目标！

时尚服饰

到了美国，血拼一族最不能错过的就是以比在中国买还便宜的价格，网罗平常舍不得买的服饰精品！很多人在网上买的品牌如蔻驰（Coach），在美国的价格比在中国大陆便宜，一款手拿包约美金200元不到就能入手，如果去大卖场（Outlet）买还有机会拿到折扣。此外，在中国大陆标价十分昂贵的马克·马克·雅各布（Marc by Marc Jacobs）、迈克·科尔菲（Michael Kors）、乐斯菲斯（North Face）、添柏岚（Timberland）等源自美国的牌子，也是不能错过的购物点。基本上只要锁定美国品牌的精品和户外运动品牌，因为价差空间大，售价比在中国大陆买便宜许多，若到免购物税的州血拼则更为划算。

向往平价时尚的游客来美国时的行李箱不用带太多衣物，到达主要城市后直接杀去平价服饰店采购即可。部分美国品牌如AA美国服饰（American Apparel）、Urban Outfitters、Abercrombie & Fitch、霍利斯特（Hollister Co.）和盖璞（GAP）也是到美国建议锁定的目标，其中Urban Outfitters比较类似复合型店面，以复古不失新颖的流行感空间出售精选过的品牌服饰、生活小物、黑胶唱片等商品，绝对值得一逛。其他以舒适好穿又性感闻名的内衣品牌维多利亚的秘密（Victoria's Secret）、年轻上班族最爱的香蕉共和国（Banana Republic）以及运动联盟推出的官方商品球衣也是推荐采购重点。

化妆保养品・维生素

到了美国,不能错过大肆采购化妆保养品和维生素的机会,由于少了关税这层关卡,只要是美国当地的品牌,价格大都比中国大陆买便宜很多。以化妆保养品来说,科颜氏(Kiehl's)、纳斯彩妆(NARS)、小蜜蜂(Burt's Bees)的价格便宜很多,可选择的系列齐全度也高。其他品牌如胖脸儿(Fat Face)、衰败城市(Urban Decay),在美国市场也有不错的评价,可以一试。若没有特定品牌偏好,只要走进化妆保养品专门店丝芙兰(Sephora),琳琅满目的商品陈列在架上,绝对让爱美人士驻足好一阵子。至于几乎已经成为美国血拼必备的各种维生素,在美国的售价比大陆便宜约一半,且时而有促销折扣,经济又实惠。

实用生活用品

只要到了主要城市的购物街区,不少人会逛苹果店抢先试用刚上市的机种。以智能手机来说,美国苹果店出售的绑约和无上锁的机种,售价比中国大陆便宜;以相机来说,售价则比中国大陆便宜,但日后若面临维修问题则较为麻烦,建议3C产品在中国大陆买即可。喜欢设计小品的游客,在美国不能错过博物馆附属的现代美术馆商店(MoMa Store),不仅平价实在,而且极具设计感,送礼自用皆可。至于设计家具,在选购之前可先询问店家是否提供寄送至中国大陆的服务。若要送小朋友玩具,则绝对不能错过迪斯尼的官方商品店,经典角色的玩偶以及新推出的迪斯尼电影角色商品都找得到。

Outlet・百货公司

最爽的美国购物经验,应该是直冲Outlet(大卖场),以超低廉价格买到名牌商品。通常Outlet会设在高速公路旁,不用费工夫就能找得到,但必须有车才够方便。以美国境内有60多个据点的棕榈泉(Premium)Outlets为例,里面汇集世界精品,折扣大概在25%至65%。只是既然价格如此低廉,表示商品多为过季或瑕疵品,建议选购时得睁大眼睛。

针对不同消费力的顾客,美国的百货公司分门别类,例如波道夫・古德曼(Bergdorf Goodman)、巴尼斯(Barneys)、萨克斯第五大道精品百货店(Saks Fifth Avenue)、尼曼(Neiman)、亨利・班德尔(Henri Bendel),都是以出售精品、设计师品牌著称的高档百货公司,想要体验美国电视、电影里拜金女的出入场合,往这些百货公司准没错。诺德斯特龙(Nordstrom)、布鲁明戴尔(Bloomingdale's)、韦斯特菲尔德(Westfield)和梅西百货(Macy's)则是一网打尽平价与高价品牌商品,逛累了户外的街区巷弄,百货公司绝对是歇脚再战的好去处。

美味食品礼物

美国本地的美食礼品，由于不是到处买得到，因此成为彰显旅游个性的送礼选项。嗜喝咖啡者到纽约绝对要去百年老店Porto Rico Importing Co.，选购自己偏好的咖啡豆；旧金山蓝瓶（Blue Bottle）咖啡浓厚醇实，也不妨带回中国品味。到了旧金山，若想一尝历史意义大于美味的酸面包，则可以到2013年届满164年的老店波丁酸面包工厂（Boudin Sourdough Factory），除了在橱窗外参观酸面包制作过程，还有真空包装的酸面包可以选购。酸面包适合搭配巧达汤、沙拉，只吃酸面包感觉可能较一般。

喜爱葡萄酒的人们，多半会希望亲临酒庄，感受原产地的自然气息。远近闻名的加州葡萄酒，产地位于距离旧金山北方约一小时车程的索诺玛谷（Sonoma Valley）及纳帕（Napa Valley），这里有几处酿酒厂如约瑟夫菲尔普斯酒庄（Joseph Phelps Vineyards）、Bravante Vineyards、卡内罗斯酒庄（Domaine Carneros）、阿尔特萨葡萄庄园及酒店（Artesa Vineyards & Winery）和银朵酒庄（Silverado Vineyards），都是选购美酒的理想去处。除非已经确定要买的葡萄酒，否则在选购前试喝是必要的，多数酒厂都提供得付一定金额或免费的试喝服务。

Tip 二手古董店挖宝趣

无奇不有的美国旧货市场，是复古商品卖家的寻宝处，若有机会到美国不能错过一游。在二手古董店也许能找到百年饰品、20世纪60年代的杂志、绝版公仔、绝版老相机和老皮箱等，对于嗜复古者绝对是采买天堂。这类店家通常都会在意想不到的地区，公路旅行时若经过小镇可以停留，很有机会见到二手古董店。由年纪稍长的老板看店，价格也绝对公开实在，很少有哄抬价格的情形发生。

偏爱复古衣着的人们，到旧金山一定要去海特街（Haight St）一家一家逛，这里的复古衣着店所出售的商品，充满了个性与旧时代的情怀，部分店家会以时代或风格分门别类，例如嬉皮、20世纪70年代，让有特定偏好的人轻易找到确切的复古款式，由于这类商品大多仅此一件，追求独特性的人们绝不可以错过这类二手复古衣着店。

农夫集市寻新鲜好物

到美国就不能下厨？若选择民宿、青年旅馆，或附设小厨房的旅馆，下厨绝对是体验当地生活的一部分，这当中若能到农夫集市（Farmer's Market）选购新鲜食材就更完美了。在当地时可以注意路边，若指示标记上写着农夫集市，务必停下来慢慢逛，由所在产地直送的蔬果，价格通常都比小商店便宜且新鲜，也会发现中国少见又容易烹煮的料理，水果多半多汁香甜，若是有机食物，虽然贵了一些但品质也更高。

玩在美国

走访精彩绝伦的重要景点

跑了地球大半圈到美国，有哪些景点和活动绝对不能错过？是有机会见到大明星的好莱坞？在电影中出现无数次的金门大桥？典藏堪称世界级的博物馆和美术馆？绝对疯狂的音乐节？或是人迹罕至的荒野地带？美国的精彩景点多到数不清，怎样都玩不完！

逛博物馆与美术馆

1. 纽约州 大都会艺术博物馆 Metropolitan Museum of Art

成立于1870年的大都会艺术博物馆，就算花一整天的时间也仅能看到冰山一角！超过200万件馆藏，大都会艺术博物馆是世界上馆藏最丰富、面积最大的艺术博物馆之一。整个博物馆内部共分19区，随意一个门都可以进入，虽然免收门票，但进去时仍要向柜台拿票，这时柜台人员会询问要捐钱的数字，有建议售价但不要求硬性缴款。

大都会艺术博物馆位于中央公园东侧的上东区（Upper East Side）。大都会艺术博物馆除了本馆，还有一处位于崔恩堡修道院（The Cloisters museum and gardens）的分馆。拿着地图安排参观顺序，永久典藏和特展的可看性旗鼓相当，在常设展部分，最令人感到惊奇与神秘的属古埃及艺术品、盔甲与武器、古老的乐器等展品。空间则呈现罗马或美国近代感的设计。夏天时会开放顶楼空间，邀请艺术家创作装置艺术，并且设有吧台提供酒精性饮料。

哪里玩
址 1000 Fifth Avenue (at 82nd Street), New York, NY 10028　电 (1)212-535-7710　时 周二至周日09:30-17:30（周五、周六至21:00），周一、感恩节和圣诞节休馆　费 免费，但建议成人可捐美金25元当作票价
网 http://www.metmuseum.org　交 86th Street地铁站下车，走三个路口

2. 纽约州 美国自然历史博物馆 American Museum of Natural History

看过电影《博物馆惊魂夜》的人，一定觉得美国自然历史博物馆很眼熟，没错！这部电影的主要场景就是在此。光看入口大厅的暴龙和雷龙化石就值回票价，往里走为栩栩如生的动物标本区，摆脱教科书思维，以极具吸引力的展藏呈现出人类的起源、古生物、天文学以及各种跟生物有关的知识。1869年成立至今，占地约7公顷，共分为38厅，最吸引人的部分就是恐龙化石区，透过橱窗近距离接触如假包换的化石。除了常设展，一年还有上百场大大小小的特展，对于现代的生物演变与状态也多做呈现。天文台放映的I-MAX影片更让人激发起探索宇宙的好奇心。

哪里玩
址 Central Park West at 79th St, New York, NY 10024, United States　电 (1)212-769-5100
时 10:00-17:45（感恩节与圣诞节休馆）　费 成人美金19元　网 http://www.amnh.org
交 81st Street地铁站下车步行5分钟

033

3. 加州 加州科学博物馆
California Academy of Sciences

2008年重新整修开放,使1853年成立的加州科学博物馆成为美国最新颖的博物馆之一,原本是研究自然与科学的学校,渐渐演变成大众的博物馆。博物馆分为三大区域——莫里森天文馆(Morrison Planetarium)、世界雨林(Rainforests of the World)和斯坦哈特水族馆(Steinhart Aquarium),在室内仰望27米高的雨林穹顶,近距离观赏菲律宾海域珊瑚礁生态、沼泽,并且享受世界最大的天象仪所带来的震撼。每周四晚上有特别的夜间活动,每周主题不同,可以是骷髅头、蜜蜂生态或摇滚乐之夜,让博物馆的夜间像派对一般有趣。

哪里玩

址 55 Music Concourse Dr, San Francisco, CA 94118 电 (1)415-379-8000 时 周一至周六09:30-17:00,周日11:00-17:00 费 成人美金34.95元 网 http://www.calacademy.org 交 8th Avenue and Fulton Street公车站下车,步行5分钟

5. 加州 探索博物馆 Exploratorium

2013年4月迁至现址重新开馆的探索博物馆,位于旧金山湾畔的15号码头,适合各个年龄层次的民众参观。起始于1969年,迁址后的面积比原本大3倍,并且新成立6个展区,容纳的展品多达600件。到了探索博物馆最重要的一件事就是"探索",展品多为互动式,参观者可以通过操作这些展品了解科学、地理、天文等原理,用玩乐的方式学习与探索这个世界。为了适应世界环保趋势,新馆设置6 000个太阳能发电板,并且使用海水过滤设备,让博物馆本身就可以跟自然界循环,降低人造建筑与参观人潮带来的污染。

哪里玩

址 Pier 15, (on the Embarcadero at Green Street), San Francisco, CA 94111 电 (1)415-528-4360 时 周二至周日10:00-17:00(周三至22:00),周一休馆 费 成人美金25元 网 http://www.exploratorium.edu 交 Embarcadero地铁站下走10分钟

4. 纽约州 所罗门古根海姆美术馆
The Solomon R. Guggenheim Museum

位于纽约上东城区中央公园附近,和大都会艺术博物馆仅有几步之遥,成立于1937年,1959年搬至现址。首先最引人注目的是建筑外观,由20世纪最具影响力的建筑师弗兰克·劳埃德·赖特(Frank Lloyd Wright)所设计,白色螺旋状的外观,仿佛由底往上渐渐旋转,内部的观景廊也依着环状建筑而形成螺旋状。馆内典藏的艺术作品沿着墙面静置,阳光透过天窗从圆形屋顶照射下来,让整个空间显得明亮十足,让人可以好好欣赏这些现代、前卫的艺术作品。

哪里玩

址 1071 5th Avenue (at 89th Street), New York, NY 10024, United States 电 (1)212-423-3618 时 周五至下周三10:00-17:45(周六至19:45),周四和法定假日休馆 费 成人美金22元 网 http://www.guggenheim.org 交 86th Street地铁站出来步行8分钟

6. 华盛顿哥伦比亚特区 美国航空太空博物馆
National Air and Space Museum

对航空太空科技有兴趣的人们,到了美国航空太空博物馆绝对大开眼界,这里拥有世界最完整的太空器材收藏,1976年开放后至今吸引上亿人参观。现场展示登陆月球的阿波罗11号指挥舱,以及当时采集回来的月球岩石标本,让人真切感受外太空的存在。在这里也可以亲眼见到莱特兄弟发明的飞机及第一次、第二次世界大战所使用过的战斗机。

注:在华盛顿哥伦比亚特区共有19家免费参观的博物馆,皆隶属于史密斯森研究学院(Smithsonian Institution)旗下。

哪里玩

址 Independence Ave at 6th Street, SW Washington, DC 20560 电 (1)202-633-2214 时 10:00-17:30(圣诞节休馆) 费 免费 网 http://airandspace.si.edu 交 Smithsonian地铁站下步行10分钟

Chapter1 认识美国篇

造访遗产奇迹与重要地标

1. 纽约州 自由女神像 Statue of Liberty

象征美国自由思想的自由女神像，从1886年开始即坐落在哈德逊河中的自由岛（Liberty Island）上，并且于20世纪60年代和邻近具移民历史的埃利斯岛（Ellis Island）一并列入美国国家史迹名录。这座自由女神像由法国雕塑家巴特勒迪（Frédéric Auguste Bartholdi）所设计，其头部在1877年的巴黎世界博览会上就已展览过，是法国赠予美国的礼物。

女神脚上缠绕着锁链、右手举着火炬，左手拿的册子则刻着美国《独立宣言》发布的日期——1776年7月4日，这天也是美国的国庆日。当年坐船移民来美国的人们，在海上会先看见自由女神像迎接，接着在纽约港上岸。2012年珊迪飓风肆虐纽约，自由女神像至2013年7月4日重新开放，而埃利斯岛开放日期则尚未宣布。

哪里玩
址 Liberty Island New York, NY 10344 电 (1)212-363-3200 时 09:00-18:00（圣诞节不开放）费 成人美金17元起 交 South Ferry地铁站下步行5分钟至渡轮港口

2. 宾夕法尼亚州 美国独立纪念馆 Independence Hall

美国独立纪念馆位于宾夕法尼亚州费城，建于1732年至1753年，一开始是由该州殖民局的州议会使用，从过去到现在都以同样的红砖样貌呈现给世人，并且在1979年被联合国教科文组织列为世界文化遗产。这栋建筑之所以具有崇高的地位，乃因这里就是美国《独立宣言》的签署地，而影响极深的美国宪法也是在此处订立，可说历史意义大于建筑外观。对于热爱研究历史的人来说，这里是到美国东北方必须造访的重要景点之一，是真正体现美国精神的去处。

哪里玩
址 41 N 6th St, Philadelphia, PA 19106 电 (1)215-683-9408 时 09:00-17:00 费 免费 交 行驶I-95公路，从17号出口出去，接着沿着市场街（Market Street）开即可抵达，位于5th、6th街间

3. 南达科他州 拉什莫尔山国家纪念公园 Mount Rushmore National Memorial

提到最能象征美国的景象，除了自由女神像，大概就是这座刻有美国前总统华盛顿、杰佛逊、老罗斯福和林肯头像的"拉什莫尔山"（Mount Rushmore）。位于南达科他州，拉什莫尔山国家纪念公园最为人所知的昵称为总统雕像山，而这四位广为人知的总统的事迹，也体现了美国建国以来的历程。头像高达18米，于1941年完工，由于雕刻在坚固的花岗岩上，虽然每年都有上百万人前来参观，但至今仍维持十分完整的原貌，通常在团体旅程中会结合黄石国家公园一游。

哪里玩
址 13000 S Dakota 244 Keystone, SD 57751 电 (1)605-574-2523 时 圣诞节不开放 费 入场费免费，但一般轿车停车费为美金11元 网 http://www.nps.gov/moru 交 前往I-90上的Rapid City出口，接着沿着6号高速公路往西南方的Keystone前进，接244号高速公路去国家公园

滨海绝美公路之旅

1. 加州 大苏尔 Big Sur

行驶在加州的1号公路上，到了圣露西亚山（Santa Lucia Mountains）紧邻太平洋、蒙特利半岛（Monterey Peninsula）的卡梅尔河（Carmel River）以南140公里，直到圣路易斯奥比斯保郡（San Luis Obispo County）圣卡波佛罗河（San Carpoforo Creek）的这一段，就是被无数媒体评为此生必去景点之一的大苏尔（Big Sur）海岸线。Big Sur在西班牙文中有雄伟南端的意思，许多好莱坞名流的婚礼都选在此处举行。这一带有许多值得驻足停留的景点，包括美国本土最高海岸山脉之一的"大苏尔锥峰"（Big Sur's Cone Peak），距离海边仅有4.8公里，海拔为5 155米，许多人会特地前去登山健行。

大苏尔的范围内有9座州立公园，也有露营地、小旅馆提供给旅行者住一宿。此外像是拱形桥"比克斯比西桥"（Bixby Creek Bridge）、20世纪30年代就设立的落基溪桥（Rocky Creek Bridge）、景致一级棒的苏点灯塔（Point Sur Lighthouse）、峭壁直冲无人海滩的麦克维瀑布（McWay Falls）和朗德尔山大溪（Landels-Hill Big Creek），也都是到大苏尔绝对要停留的点。清澈无比的海水以壮丽的气势，在悬崖峭壁旁猛烈撞击，加上加州向来纯净的蓝天、路边五颜六色的野草托衬，大苏尔是到了西海岸绝对不能错过的景点。

2. 加州 赫斯特城堡 Hearst Castle

在梦幻的西海岸旅行，除了欣赏海岸线的景致，还有一处值得前往的景点——赫斯特古堡。这栋富丽堂皇的城堡其实是私人庄园，拥有者是大名鼎鼎的美国媒体业大亨威廉·蓝道夫·赫斯特（William Randolph Hearst），他生前热爱搜集古董，花了3 000万美金盖了这座城堡，如今成为私人博物馆。外观主要呈现地中海风情，散发浓郁的西班牙老建筑味道，但极尽奢华之能事。里面上百间房呈现不同风格，室内每一处角落包括楼梯、壁炉和家具，其实都是珍贵的收藏品。

哪里玩

地 750 Hearst Castle Rd, San Simeon, CA 93452, United States 电 (1)800-444-4445 时 09:00至参观时间结束 费 成人美金25元，需事先预约行程 网 http://www.nps.gov/moru
交 于1号公路/Cabrillo Hwy向右转，在Hearst Castle Rd向右转

Chapter 1 认识美国篇

亲临精彩电影场景

1. 加州 好莱坞 Hollywood

象征好莱坞（Hollywood）的白色大字就伫立在好莱坞旁的山丘上，在20世纪初好莱坞才渐渐成为美国电影工业的聚集地，吸引制片商、电影公司和明星们来分一杯羹，也让这里成为想到美国电影工业就绝不会遗漏掉的代称。好莱坞最显眼的景点就是好莱坞星光大道（Hollywood Walk of Fame），截至目前为止有超过2 000颗刻上明星名字的星星奖章，用以表示对影视工作者的尊敬。无数好莱坞电影都曾在这里取景，包括《麻雀变凤凰》《偷天换日》等。笔者还曾在此巧遇美国知名影片《霹雳游侠》的主角李麦克，本名大卫·哈塞尔霍夫（David Hasselhoff）本尊。

2. 加州 经典默片的片场 Niles

英国喜剧演员查理·卓别林（Charlie Chaplin）在好莱坞成功发展，他一部一部默片就是在加州的奈尔斯镇（Niles）所拍摄。奈尔斯静静地位于加州一隅，已发展超过150年，过去卓别林经典的默片如《流浪汉》《溜冰场》即在此处拍摄，当年的奈尔斯就像是默片版的好莱坞，聚集众多电影工作者。今日小镇已恢复宁静，但处处可见默片留下的痕迹，像奈尔斯默片博物馆（Niles Essanay Silent Film Museum）陈列经典默片所使用过的摄影机、道具，民众都可以近距离观赏。外面街道上的商店以古董店为主，每一家都值得去逛逛寻宝。

3. 纽约州 中央公园 Central Park

截至目前共有300多部电影在纽约中央公园（Central Park）取景，每到冬天到中央公园溜冰再梦幻不过。沃尔曼溜冰场的名号就算没听过，若有机会亲临现场，心中一定会油然而生似曾相识的感觉。近几年包括《复仇者联盟》《超级快递》和《欲望城市》等电影都曾在这里取景。

4. 加州 恶魔岛 Alcatraz Island

曾经是重刑犯监狱，也曾发生过数次结局惨绝人寰的逃狱事件，到20世纪70年代才摇身一变成为观光景点。在这里可以戴上导览耳机，一关一关参观牢房、放风广场和诊所，都是极具故事性的景点。许多电影也以此地为背景，例如克林特·伊斯特伍德的《逃出恶魔岛》就是描述一个逃亡的故事；而最看得出场景特色且知名的电影就属尼古拉斯·凯奇主演的《绝地任务》；此外，2012年开始热播的影集《恶魔岛》亦是以此地为灵感发想剧本。

5. 纽约州 帝国大厦 Empire State Building

看过电影《金刚》的影迷，一定对帝国大厦（Empire State Building）印象深刻，最后一幕金刚爬上的高楼正是这座纽约地标。《西雅图夜未眠》也曾在帝国大厦的观景台拍摄。到纽约若有机会，不妨上观景台俯瞰整座城市的美丽。

6. 加州 金门大桥 Golden Gate Bridge

连接旧金山市与马林郡（Marin County）的金门大桥（Golden Gate Bridge），也是家喻户晓的电影景点。《决战猩球》中猿人霸占的大桥，就是这座橘红色的悬索桥；《真爱零距离》《X战警：最后战役》也在此取景，时而呈现浪漫氛围，时而成为灾难片或科幻片的主战场。平常在这里除了开车，还可徒步或骑单车横越大桥。

挖掘美国小镇风光

1. 加州 无人鬼城 Bodie

美国幅员广大，不少城镇因为各种因素而被舍弃，镇民纷纷迁离当地，但原本的建筑仍被保留。大部分无人鬼城形成的原因是当年矿业发展兴盛，或在淘金热传闻满天下时，大批移居来的人们落地生根，当金矿挖尽就离去。加州的伯帝（Bodie）是最有名的鬼城，目前已经被认可为历史园区，坐落在高原沙漠中，荒凉且人迹罕至。另一处卡利哥镇（Calico）则较有观光发展，可以在建筑古老的酒吧喝一杯，且有纪念品商店。

2. 北卡罗莱纳州 阿什维尔 Asheville

图片提供／Chris Short

位于北卡罗莱纳州的阿什维尔（Asheville），被视为极适合美国东岸居民周末旅行的度假胜地。因位于内陆山上，拥有纯净的溪水及植被丰富的森林，吸引数家酿酒厂迁厂至此，当地艺术、动手做的风气很盛，于是也有众多手工自酿啤酒厂、艺术集市，典雅的比特摩尔庄园（Biltmore House and Garden）也是吸睛的重点之一。

3. 加州 索萨利托 Sausalito

索萨利托位于马林郡（Marin County）一隅，过去曾是意大利移民聚集的港口，也因此洋溢着地中海式的氛围，许多帆船停泊于此，很多人会在这里租单车沿着滨湾海岸悠闲骑乘，或是搭乘渡轮从不同角度欣赏这片港湾。途中会巧遇诡异的装置艺术，若想要离开人群，可往斜坡上走，闯进高级宁静的住宅区漫步，回程时吃一口Lappert's的冰激凌度过美丽的海湾时光。

Chapter 1 认识美国篇

游乐园玩翻天

1. 佛罗里达州、加州 迪斯尼乐园 Walt Disney World

在美国有两处迪斯尼乐园，分别是位于佛罗里达奥兰多的华特迪斯尼世界度假村（Walt Disney World Resort）和位于洛杉矶的迪斯尼乐园度假村（Disneyland Resort）。前者在1971年就成立，是目前世界上最大的迪斯尼乐园，包括24个度假村、4个主题乐园以及2处水上主题乐园，在这里完全不用理会外界纷扰，尽管沉浸在迪斯尼所创造出的童话世界中。主题乐园的主题分别为魔幻王国、迪斯尼动物王国、迪斯尼好莱坞摄影棚和未来世界，是迪斯尼迷的终极造访目标。另外，在洛杉矶外观前卫的华特迪斯尼音乐厅（Walt Disney Concert Hall）也是朝圣点之一。

2. 加州、佛罗里达州 环球影城 Universal Studio

以NBC电影为主题所创造出的电影乐园——环球影城，每年吸引超过3 000万名来自世界各地的游客造访，坐落于洛杉矶和奥兰多，可说是全世界的环球影城中设施最完整的乐园。位于洛杉矶的好莱坞环球影城（Universal Studio Hollywood），一半是乐园，另一半是目前持续使用中的制片厂，乐园外是当地有名的步行街，聚集旅馆、演唱会场地、餐厅和无数跟电影有关的衍生商品。园区共分上、下两部，经典游乐设施有"辛普森家庭虚拟云霄飞车""鬼屋"等。最受欢迎的是搭乘游园车游览环球影城，电影《大白鲨》中的大白鲨会突然在身边张开血盆大口，还会经过电影《世界大战》中的战争遗骸，并且要小心电影《侏罗纪公园》中的恐龙在身边突袭。

3. 得州 六旗游乐园 Six Flag

若想要体验绝对惊险刺激的游乐园，到美国则一定要到六旗游乐园旗下的30家主题乐园及水上乐园，这里以各种光看着就吓人的云霄飞车、360度旋转的游乐设施为主。最近此连锁游乐园品牌在得州的乐园，启用了一种类似天女散花的游乐设施"得州高空尖叫者"（Texas SkyScreamer），人们坐的荡秋千距离地面约40层楼高，并以时速56公里制造离心力旋转。到六旗游乐园前得先做好心理准备，以免届时成了退缩者。

赏在美国

不可错过的浑然天成美景

若要说美国最值得一游的部分，全国 59 个国家公园绝对不能错过，从知名的黄石公园、大峡谷，到独特的火山口湖、冰川湾等国家公园，美国的地貌景观就是如此的神奇，难以置信这般丰富的地貌竟同处于一个国家，参观它们也是到别处得不到的独一无二的体验。

1. 怀俄明州、蒙大拿州、爱达荷州 黄石国家公园 Yellowstone National Park

全美国最知名，也是世界上第一个公开成立的国家公园"黄石公园"，坐落在一般较难抵达的怀俄明州、蒙大拿州和爱达荷州三州边界，占地 8 983 平方公里，其最为人津津乐道的就是丰富的自然生态以及那座至今仍在进行火山运动的超级火山。因为地热资源丰富，黄石公园的间歇泉景观最令人惊艳，比如几乎定时喷发的老忠实喷泉（Old Faithful Geyser）、彩虹般颜色的牵牛花池（Morning Glory Pool），都是黄石国家公园最吸引人驻足停留的景点，每年吸引200多万人前往参观。

国家公园内的黄石湖（Yellowstone Lake）位于湖区的显著位置，是北美地区最大的高山湖泊之一，棕熊、白色的鹈鹕、麋鹿和野牛等野生动物，在湖边特别容易见着，在湖中划船时，可以欣赏沿岸的地热冒烟景象。许多人喜爱来黄石公园露营、钓鱼，但湖水含硫量高，所以不宜游泳。猛犸温泉（Mammoth Hot Spring）的梯田景观也是一绝，整座山都是热气，枯萎的树枝错落其间。另外大喷泉（Great Fountain Geyser）每次都会喷射出约60米高的泉水，也是黄石公园的必赏景观之一。黄石公园的气候较不稳定，建议出发前至美国气象预报网站（http://www.crh.noaa.gov/riw/?n=ynp_gtnp）查询天气状况。

哪里赏

Yellowstone National Park, WY 82190 United States（坐标5° 36'N 110° 30'W） (1)307-344-7381 全年开放，但11月至次年5月部分道路关闭 美金25元/车；美金12元/人 http://www.nps.gov/yell 共有东、南、西、北和西北共5处出入口。建议开车，但也可从波兹曼（Bozeman）搭乘巴士至西边的入口

2. 亚利桑那州 大峡谷国家公园 Grand Canyon National Park

1979年名列世界遗产的大峡谷国家公园，其中的“科罗拉多大峡谷”，是世界上最令人惊心动魄的峡谷。平均深度1 200米，总长约446公里，恢宏的气势非得亲身体验才能领略。历经数百万年科罗拉多河的冲蚀，峡谷的沉积岩一层又一层地被河水切割，科罗拉多大峡谷如今所呈现的样貌，可说是大自然最珍贵的宝藏及最富教育意义的一堂地质课，在这里有20亿年前就形成的极古老的毗湿奴片岩，也有在无穷岁月间自然堆积的砂岩，无穷尽样貌可供人探索。

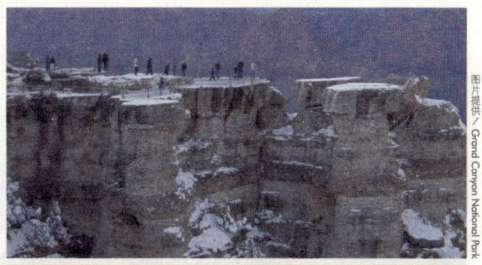

到大峡谷参观，很多人会以凤凰城或拉斯维加斯为起点，游人最多的为全年开放的大峡谷南缘。自行前往时必须准备好足够的水、充饥食物，以免在夏天时中暑或发生意外。近年开放的天空步道（Skywalk）位于公园西缘，想踩在高1 200米的透明步道上得另外支付美金25元。前往大峡谷国家公园旅行，最重要的是要事先练好体力，因为一般交通工具只会到外缘，必须要徒步走下峡谷，花上好几天的时间徒步旅行，晚上在大峡谷下面扎营，才算真正见到更原始美丽的景致。

图片提供 / Grand Canyon National Park

图片提供 / Grand Canyon National Park

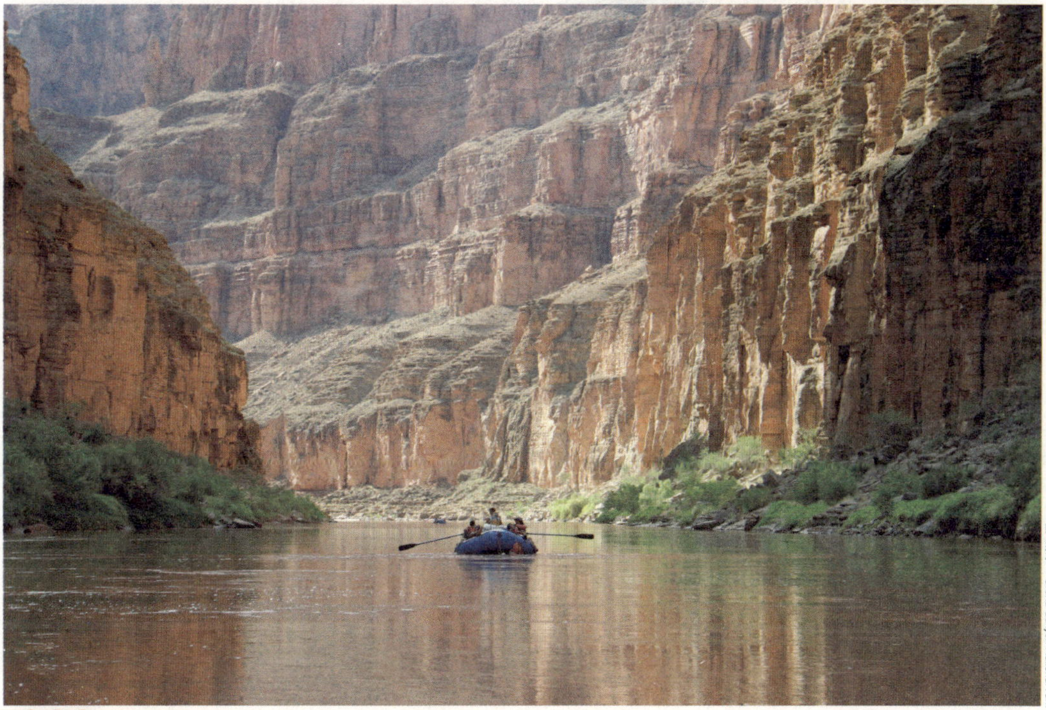

图片提供 / Grand Canyon National Park

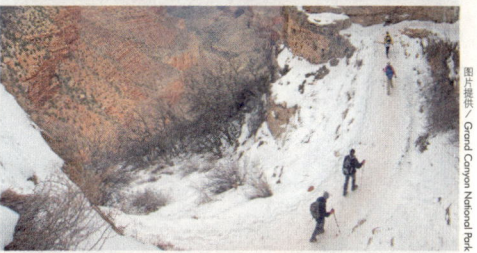

哪里赏

址 GRAND CANYON, AZ 86023（坐标36° 06'N 112° 06'W）电 (1)928-638-7888 时 南缘全年开放，北缘开放日期为5月15日至10月中。入园时间为09:00-16:00 费 美金25元/车；美金12元/人 网 http://www.nps.gov/grca 交 至亚利桑那州的Williams搭乘火车至大峡谷Grand Canyon Village站；5月中至9月中园内有免费接驳车可搭乘，不用事先预约

3. 阿拉斯加州 冰川湾国家公园 Glacier Bay National Park and Preserve

想要在美国亲眼见到激动人心的冰川景致，就得到位于阿拉斯加州的冰川湾国家公园。该公园同样被联合国教科文组织评为世界自然遗产，并且成为生物圈保护区，是全美面积第5大的国家公园，每年都有超过30万人长途跋涉前往一探究竟。前往这里的两个方法是搭船与乘飞机，通常会以阿拉斯加州首府朱诺（Juneau）为起点，前往古斯塔夫（Gustavus），再搭乘船航行在冰川间，或搭乘飞机从高空俯瞰这片大地。

宝蓝色的冰川及冰山伫立眼前，崩裂的冰山在眼前坠入海中，轰隆的声响令人自感渺小。在这里有机会见到虎鲸、小须鲸翩然现身，海豹、阿拉斯加黑熊亦同。这里同时也邻近阿拉斯加契凯特白头鹰保护区（Alaska Chilkat Bald Eagle Preserve），因此见到这种保护类白头鹰的概率很高。除了冰川及峡湾之美，近年探险家对此地的地下冰洞穴多有探索。若是对户外运动有兴趣，不妨事先预订巴列特湾营地（Bartlett Cove Campground），完全拥抱大自然。

图片提供／National Park Service

哪里赏

址 1 Park Rd, Gustavus, AK 9982, United States（坐标58°30'0"N 137°00'0"W） 电 (1) 907-697-2230 时 全年开放，但旅游服务中心仅于5月至9月开放，冬天则视天气而定 费 免费 网 http:// http://www.nps.gov/glba 交 从朱诺（Juneau）搭乘飞机或渡轮至古斯塔夫（Gustavus）

4. 南达科他州 恶地国家公园 Badlands National Park

在南达科他州的西南部，有这么一处荒凉的"恶地"，分为南、北两块区域，一望无际的恶地地形，让这座国家公园呈现出宛如外太空地表了无生机的景致，但这样荒芜的景象反倒吸引不少人特地前往参观。这里的景致有岩石、少许草地，南部的开发程度较低，一般人不容易前往；北部则由于国家公园在此建了一条环状公路，而较具旅游便利性，但绝大部分的区域仍属未开发，想前往需要靠健行。

夏日晚上园区提供星空解说，白天时游客则能尽情领略这种粗犷的美丽。由于这块土地同时拥有化石床，考古学家也在这里发现了古生物的遗骸，如已经灭绝的剑齿虎以及古代的马匹和犀牛等。通常到此地的游客，还会去邻近的洲际导弹发射站历史公园（Minuteman Missile Historic Park）一游，参观冷战时期为了抵御前苏联所设置的发射站。

图片提供／NPS, Larry McAfee

哪里赏

址 25216 Ben Reifel Rd, Interior, SD 57750（坐标43°45'0"N 102°30'0"W） 电 (1)605-433-5361 时 08:00-17:00（感恩节、圣诞节和新年休园） 费 美金15元/车；美金7元/人，可使用7天 网 http://www.nps.gov/badl 交 从I-90州际公路往北可直接接到前往恶地国家公园的240公路，无公共交通运输工具可抵达

Chapter1 认识美国篇

5. 犹他州 拱门国家公园 Arches National Park

2 000多座天然形成的拱门岩石，是拱门国家公园最具吸引力的宝藏，通常破晓及黄昏是最佳观赏时刻，太阳折射在岩石上的光线会散发出美丽的橙红色。每年有80多万人次造访，是到了犹他州的必赏景点，由于邻近摩押市（Moad），因此形成一处旅游圈，除了观光客，也是攀岩者和极限单车者的最爱。此处必赏的景象为地标精致拱门（Delicate Arch）、双拱门（Double Arch）和景观拱门（Landscape Arch），由于立于盐床层之上，砂岩经过风化形成如今形状各异的景色，除了拱门形状外，还有几处值得一游的景点。

在恶魔花园（Devil's Garden）一区，有一段容易行走的健步道，也可以从这里前往景观拱门，并且还可以眺望到其他地景如拉萨尔山（La Sal Mountains）。平衡石（Balanced Rock）则位于石窗区（The Window Sections）。要近距离欣赏这些知名的岩石及拱门，少不了绝对不轻松的徒步旅行，若非已经熟透当地地理环境，建议可以参加由国家公园提供的导览解说项目，跟着导览员前进探险。例如每天提供2次导览的炙热炎炉区（Fiery Furnace），地形很容易让人感觉像迷宫一般，走不出来，跟着老练的导览员会比较保险。

图片提供／Utah Office of Tourism

图片提供／Utah Office of Tourism

哪里赏

址 N Highway 191, Moab, UT 84532　电 (1)435-719-2299　时 冬天09:00-16:00、早春及秋末08:00-16:30，其余时间07:30-16:30（圣诞节休园）
费 美金10元/车；美金5元/人，可使用7天　网 http://www.nps.gov/arch　交 搭乘美国国铁（Amtrak）至大章克申（Grand Junction）及格林河（Green River）

6. 俄勒冈州 火山口湖国家公园 Crater Lake National Park

泛着说不来的深蓝色，火山口湖国家公园最为人惊艳的，就是那座全美第一深、水质最清澈的火山口湖。湖水最深处达655米，约于7 700年前形成。之所以形成火山口湖，乃因为当年喀斯喀特山脉的马札马火山（Mount Mazama）喷发，崩塌后的熔岩将火山堵住，降雨及融雪使顶端形成了如今全美最美的湖之一。火山口湖国家公园的地理位置在俄勒冈州南边，接近加州，也因此是很容易前往的国家公园。

在湖中间伫立着两座小岛，分别是巫师岛（Wizard Island）和鬼船岛（Phantom Ship Island），如今游客可以登上巫师岛参观。要登船得先走健行步道Cleetwood Trail到湖下方，大多数行程为2小时游湖，还会经过一根直立在湖中名为"湖中最老的人"（The Old Man of the Lake）的老树干。夏天时有许多人会在此戏水，冬天至春天时则是冰雪覆盖。令人惊讶的是湖里面竟然有鱼类，是过去人们放养后自行在湖中形成的生态。

哪里赏
址 Rim Dr, OR 97604, United States　电 (1)541-594-3000　时 全年天候开放，但冬天部分道路会封闭　票 美金10元/车；美金5元/人，可使用7天　网 http://www.nps.gov/crla　交 若从Medford过去可驶至62号公路北上，可以见到往国家公园的标示。目前没有公共交通运输工具可前往

7. 犹他州 锡安国家公园 Zion National Park

是知名的锡安峡谷（Zion Canyon）所在地。锡安国家公园位于犹他州，和邻近几处国家公园以颜色极美的砂岩景观及令人叹叹的峡谷出名。总长约24公里的锡安峡谷，在维琴河（Virgin River）切割下呈现出壮阔的景色，此地的纳瓦霍砂岩（Navajo Sandstone）就像是层层自然奇迹，表面呈现出一条又一条河川流动过的痕迹。深入其中可以发现许多鲜为人知的秘境，如闪闪发亮的潭水，当阳光穿越橘红色的砂岩映照其上，就是最魔幻的时刻。到了锡安国家公园，多半会顺游白色大宝座（Great White Throne）、科罗布拱门（Kolob Arch）等景点。

园内最高峰马场山（Horse Ranch Mountain）、陡峭的维琴河流坡地，其高低起伏的景象更令人震撼，公园正处于三种地貌截然不同的地域交界，因此拥有一次见到科罗拉多高原、莫哈维沙漠和大盆地的机会。最受欢迎的参观季节是野花绽放的春天，以及树叶开始泛黄、红的秋天。一般来说天天开放，但知名的科罗布阶梯道路（Kolob Terrace Road）会因气候关系在冬天暂停使用。

哪里赏
址 Utah 9, Springdale, UT 84767, United States　电 (1)435-772-3256　时 全年开放　票 美金25元/车；美金12元/人，可使用7天　网 http://www.nps.gov/zion　交 行驶9号州际公路，在Springdale段依照指示标记前进

Chapter 1 认识美国篇

8. 犹他州 布莱斯峡谷国家公园 Bryce Canyon National Park

在邻近的大峡谷国家公园、锡安国家公园夹攻下，海拔相对较高的布莱斯峡谷国家公园，最特别之处就在于绵延不绝的岩柱（Hoodoos）。名为峡谷实则非峡谷，位于壮丽的庞莎冈特高原（Paunsaugunt Plateau）东侧，呈现出由崎岖岩石构成的惊人景观，光是亲眼见到这些早在6 000万年前被水流穿行，如今以一柱一柱的形象呈现给世人的沉积岩，就足以将至犹他州的行程延长。

广大的园区内有8条健行步道，开车者可以沿着29公里的主要干道，欣赏沿路13处布莱斯峡谷国家公园最精彩的景观。一般人会在白天到此参观，几处热门夜行步道如威士环道（Riggs Loop）、仙境地环道（Fairyland Loop）和躲迷藏环道（Peekaboo Loop）都是难度较高的健行步道。对于倾向轻松行走的游客来说，只要到狐尾松环道（Bristlecone Loop）、苔穴步道（Mossy Cave）等地行走即可，不需要花太多时间就能领略到布莱斯峡谷国家公园的恢宏气势。若晚上在园区内扎营，不费吹灰之力，就能见到数千颗星星在天空照耀。

图片提供／Utah Office of Tourism

哪里赏
址 Highway 63, Bryce Canyon, UT 84764　电 (1)435-834-5322　时 夏天08:00-20:00，秋天 08:00-18:00，冬天08:00-16:30，春天08:00-18:00　费 美金25元/车；美金12元/人，可使用7天　网 http://www.nps.gov/brca　交 在63号公路往南方向行驶即可见到指示标记

9. 加州 优胜美地国家公园 Yosemite National Park

全美国的国家公园中，公共交通运输工具最齐全的就数优胜美地，即使不会开车，也能玩得很尽兴。坐落在内华达山脉（Sierra Nevada Mountain）间的优胜美地国家公园，最令人向往的就是上千条瀑布，包括全美最高的优胜美地瀑布（Yosemite Falls），落差739米的瀑布倾泻而下，溅起气势万钧的水花，特别容易形成双彩虹景观。每到2月很多人会前往马尾瀑布（Horsetail Fall），等待见到散发出金黄光芒的"火瀑布"场景，此外新娘面纱瀑布（Bridalveil Falls）的水汽也很惊人。在优胜美地除了一定要体验瀑布惊人的场面，整座都是花岗岩的山更是必去焦点。曾被冰川覆盖过的半圆丘（Half Dome），如今光滑的地表呈现灰色的花岗岩状态，每年吸引无数登山爱好者前往登顶。另外，酋长岩（El Capitan）这座直立的层岩也不容错过。园内的自然动植物生态相当丰富，在这里遇见熊、山猫等巨型野生动物的概率很高，也因此得特别注意安全。蝴蝶森林（Mariposa Grove）区古老的巨树更能令人感受自然界的伟大。

哪里赏
址 Yosemite Village, CA 95389　电 (1)209-372-0200　时 全年开放　费 美金20元/车；美金10元/人，可使用7天　网 http://www.yosemitepark.com
交 搭乘美国国铁（Amtrak）至默塞德（Merced）站下车，接着转搭YART系统的公交车前往优胜美地，园内有免费接驳车往来各大景区

10. 科罗拉多州 梅萨维德国家公园 Mesa Verde National Park

历史文物也是美国国家公园的卖点之一。科罗拉多州的梅萨维德国家公园,于1978年被纳入联合国教科文组织的《世界遗产名录》,乃因为当地仍保存相当完整的普韦布洛人(Ancient Pueblo peoples)建筑遗址,那些约在1 200年时以土、石头筑起的房屋,就存在于岩壁旁,古印第安文化就通过壁屋在此呈现。如今可以徒步参观,参加国家公园提供的3种游程,前往园内最大的壁屋或是其他600处壁屋中最具吸引力的部分。

哪里赏

址 Montezuma County, Colorado, United States 电 (1)970-529-4465 时 全年开放 票 美金10~20元/车,可使用7天 网 http://www.nps.gov/meve 交 从Cortez开车至160号高速公路,按照指示标记前进

11. 加州 红杉及国王峡谷国家公园 Sequoia and Kings Canyon National Park

与优胜美地同样位于内华达山脉(Sierra Nevada Mountain)间。红杉及国王峡谷国家公园的成立,是为了让这一片珍贵的格兰特将军森林(General Grant Grove)得以永续。森林中有一棵格兰特将军树,乃全美国最高、全世界第三高的红杉树。除了植被令人目不暇给,这一区同时也有峡谷、崎岖的高山以及深不可测的洞穴,由于没有东西向的道路,更加深探险的难以到达性。园内的水晶洞(Crystal Cave)有数量可观的蝙蝠栖息。可参加园内提供的游程参观。

哪里赏

址 47050 Generals Hwy, Three Rivers, CA 电 (1)559-565-3133 时 全年开放 票 美金20元/车;美金10元/人,可使用7天 网 http://www.nps.gov/seki 交 沿着198号公路进入公园的西南方,或从Fresno沿180号公路往东进入园区

Chapter 1 认识美国篇

12. 北卡罗莱纳州・田纳西州 大烟山国家公园 Great Smoky Mountains National Park

广袤的原始森林在山头绵延、441号公路穿越其中的大烟山国家公园，如此纯净美丽的景象掳获人心。到这里若只是开车驶过，正如其名可以见到蒙蒙的山岚景致，但更多人选择健行，最热门的步道前往"烟囱顶端"（Chimney Tops）。要前往顶端除了得行走森林小径，最后一段登顶的过程最为惊险，因为得徒手爬上一层又一层的岩石才能抵达。在山顶放眼望去皆是翠绿的原始森林。北卡罗莱纳州知名的蓝岭公路（Blue Ridge Parkway）也与这里连接。在秋天可以欣赏到极美的枫叶。这里也是美国造访人次最多的国家公园。

哪里赏

址 107 Park Headquarters Road, Gatlinburg, TN 37738, United States　电 (1) 865-436-1200　时 全年开放　费 免费
网 http://www.nps.gov/grsm　交 在北卡罗莱纳州或田纳西州沿着40号公路，按照指示标记前往

13. 佛罗里达州 海龟国家公园 Dry Tortugas National Park

在距离佛罗里达州西屿（Key West）外海约109公里处，有一座碉堡矗立在小岛上，散发出奇幻感。海龟国家公园是全美地理位置最特殊的国家公园，由长（Long）、糊涂虫（Loggerhead）、花园（Garden）、布希（Bush）、东（East）、医院（Hospital）和中央（Middle）共7座珊瑚礁岛构成，海域也属于国家公园的一部分，其中吸引最多游人的是六角形建筑——杰佛森碉堡（Fort Jefferson）。

要前往这里通常会参加一日游旅行团，除了参观碉堡，还可以换上泳衣在纯净的沙滩边戏水。若对潜水有研究者，还可以报名水肺潜水，欣赏海底的古沉船，有机会遇到可爱的海龟。海岸上则可以走赏鸟行程，因为这里被记载的鸟类多达299种。

哪里赏

址 Key West, FL　电 (1)305-242-7700　时 全年开放，开放时间日出至日落　费 美金5元/人，可使用7天　网 http://www.nps.gov/drto　交 距离西屿70海里处，或搭Yankee Freedom II船只前往

14. 加州 约书亚树国家公园 Joshua Tree National park

提起约书亚树国家公园，就一定要知道何谓约书亚树。大半区域位于加州的莫哈维沙漠（Mojave Desert），在加州沙漠保护法的保障下，维持动人的荒漠景致，而约书亚树这种当地盛产的巨型丝兰，就以其怪形怪状，成了此区最明显的标志。到了园区除了下车体验行走沙漠的感觉，穿梭约书亚树林间，还可以在巨大堆叠的石块上攀爬。夕阳西下时这些岩块是最美丽的风景，会散发出橘红色的光芒。

约书亚树国家公园有几处有趣的景点，其中骷髅石（Skull Rock）的外形正如其名，全罗仙人掌花园（Cholla Cactus Garden）的巨大仙人掌也很够看，主要景致（Key View）可通过观察，上一堂关于地壳板块的课。约书亚树国家公园也是攀岩者的天堂，到这里挑战登上老女人岩石（Old Woman Rock），或是其他主要以石英二长岩构成的古老岩石。

哪里赏
址 6554 Park Boulevard, Joshua Tree, CA 92252　电 (1)760-367-5500　时 全年开放　费 美金15元/车；美金5元/人，可使用7天　网 http://www.nps.gov/jotr　交 要到北边的出入口可从62号高速公路行经大道公园（Park Boulevard）抵达

15. 佛罗里达州 比斯坎国家公园 Biscayne National Park

以海底景观为主要保护对象的比斯坎国家公园，位于佛罗里达州附近，95%都是海域，也因此成为潜水胜地，如不会潜水，可选择浮潜或搭乘玻璃船欣赏美丽的珊瑚礁。一般游客会先至比斯坎湾观赏红树林景致，接着乘游船至其他小岛游览，由于自然生态保护好，在沿岸就有可能见到海牛。艾略特屿（Elliott Key）是园内最大的岛屿，波卡奇卡礁岛（Boca Chita Key）则最热门。上到灯塔可以眺望迈阿密城市的天际线，还可以在这里扎营度过一晚。

哪里赏
址 9700 SW 328 Street, Homestead, Florida 33033　电 (1)305-230-1100　时 Convoy Point游客中心 09:00-17:30　费 免费，但前往得参加当地行程　网 http://www.nps.gov/bisc　交 从1号公路往南开至Homestead，往左开至SW 328th Street，一直开到街底

16. 加州、内华达州 死亡谷国家公园 Death Valley National park

了无生气的景象，就是死亡谷国家公园最吸引人的卖点。介于加州和内华达州边界，这里是全美最干旱的地区之一，虽然是全美海拔最低，但也有高山坐落其间。因为地势而气温有所不同，但大部分的区域一年四季都极炎热，夏季较少人会愿意前往探险。视野最好的高点是但丁观景台（Dante's View），可以眺望整座峡谷。低于海平面的恶水盆地（Badwater Basin），干掉的盐分渐渐龟裂成六角形。这里同时也是西半球第二低洼地带。此处地质景观丰富，除了峡谷、盐碱地，典型的沙漠景致也很动人。

哪里赏
址 Inyo, CA 电 (1)760-786-3200 时 夏季时间09:00-18:00、冬季时间08:00-17:00 费 美金20元/车；美金10元/人，可使用7天 网 http://www.nps.gov/deva 交 190号高速公路往东行，按照指示标记前往

17. 肯塔基州 猛犸洞国家公园 Mammoth Cave National Park

想要看到惊人的洞穴景观，可以走一趟猛犸洞国家公园，收获绝对比想象中的大。位于肯塔基州，具有世界遗产、生物圈保护区双重认定，是世界上最大的溶洞，至今人类已探明的洞穴总长约达600公里，但实际总长仍在探索，仍是一处非常未知的区域。要前往探索猛犸洞，一定要事先打电话预约，行程分为容易抵达的2小时游程，可以看见最令人屏息的洞穴景观；或是更深入地底，探索神秘的地下未知世界。行程中有一段时间导游会要求把全场的灯关掉，让人感受地底伸手不见五指的静谧感。

猛犸洞有广阔的洞穴景致，也有高低起伏落差极大的区域，有地下河、瀑布，还有湖泊！地底的生态令人啧啧称奇，超过50种洞穴极稀有生物在其中，与外头明亮的世界生态系统无关。最特殊的地下河行程，导游会引领民众至回声河（Echo River）搭小船游河。洞内的钟乳石景观也千奇百怪，其中一处"冷冻的尼亚加拉大瀑布"（Frozen Niagara）就像凝结的瀑布一样神奇。洞内也被发现有古人的遗骸及在岩壁上刻下的古文。

> **Tip 美国国家公园的分级系统**
>
> 在美国，受到保护的自然历史景区分为以下系统。除了知名的国家公园以外，只要冠上以下系统称号的景点，都很值得一游。包括国家公园（National Park）、国家保护区（National Monument）、国家纪念区（National Memorial）、国家海岸（National Seashore）、国家湖畔（National Lakeshore）、国家休憩区（National Recreation Area）、国家河川（National River）、国家保护区（National Preserve）、国家历史园区（National Historic Site）、国家历史公园（National Historic Park）、国家战争史迹（National Battlefield）、国家公路（National Parkway）和国家步道（National Trail）。

哪里赏
址 1 Mammoth Cave Pkwy, Mammoth Cave, KY 42259, United States 电 (1)270-758-2180 时 夏季时间08:15-18:30，每个季节时间不定，需先上官网查询 费 进园区免费，但要进入洞穴得参加行程，费用美金12至23元 网 http://www.nps.gov/maca 交 沿65号州际公路至53号出口下，往右行驶至KY-70高速公路，沿着70/255公路即可见到前往国家公园的指示标记

精彩节庆在美国

亲身体验美式生活的多元

文化差异造就多元的欢庆方式，在全美国最自由开放的城市，同志大游行是全城24小时举杯庆祝和引以为傲的日子；到了邻近洛杉矶的炙热沙漠，聚集国际级乐团演奏的音乐节正沸腾举行；至于全国人民皆十分重视的传统节庆如圣诞节、感恩节，更是凝聚全美国的温馨日子。

❀ 欢度美国传统节庆

1. 全国 跨年 New Year's Eve

不管去过的人评价如何，到纽约时代广场（Time Square）度过跨年夜，是很多人旅游的终极目标。在气温零下的街道中冻得直哆嗦、几乎10小时的等待不要紧，傍晚时每小时就会施放无数烟花，也有当红的流行歌手演出，当水晶球缓缓下降，跟着上百万人齐声倒数，在那五彩纸片齐飞的片刻很难不被感动！这样的景象从1903年起就开始延续至今，是全美国跨年气氛最盛的地方。在1月1日新年当天，邻近洛杉矶的帕萨迪纳市（Pasadena）所举办的玫瑰花车游行（Tournament of Rose Parade），绝对是不容错过的年度盛事。此活动起源于1890年，现场不只有精彩绝伦的花车欣赏，还有战斗机在天空表演，每年都吸引数十万人齐聚一堂欣赏。游行结束后，当地的玫瑰杯体育场（Rose Bowl）则会举行玫瑰杯美式足球比赛，在可以容纳近8万人的场地摇旗呐喊，迎接崭新的一年的到来。

2. 全国 圣诞节 Christmas

美国人最重视的节日就是圣诞节，对他们而言圣诞节不仅充满佳节气氛，更是属于家人团聚的日子，因此在平安夜和圣诞节当天，绝大部分的店家都处于歇业状态。一般来说，12月初就可以在美国各地感受到圣诞节气氛，其中纽约的冬天因为圣诞节变得更吸引人，尤其是在洛克菲勒中心巨型圣诞树前、布莱恩公园、中央公园的溜冰场以及各个街道上。华盛顿哥伦比亚特区白宫悬挂的圣诞节灯饰，都足以让人心瞬间融化，沉醉在圣诞节的愉悦气氛中。

3. 全国 万圣节 Halloween

早在每年10月最后一天的万圣节前一个月,家家户户就会挂上以橘色和黑色为主的布置,或是缠上像蜘蛛网的白丝,挂上黑蜘蛛玩偶吓人。万圣节可以追溯到古大不列颠凯尔特族人的"死亡之日",他们将兽皮披在身上隐藏人的气味,以免被鬼魂缠上。在1974年玩偶大师Ralph Lee开始将节庆的欢乐气氛带入万圣节,也因此现在的万圣节演变成变装派对,其中又以以纽约格林尼治村为出发点的万圣节游行(Village Halloween Parade)最受瞩目,届时5万至6万人把自己打扮成鬼魅,在第六大道群魔乱舞,游行间还可以看到超过50组乐团演奏。在Cana St及Spring St路段间,不管怎样恐怖、滑稽、恶心和搞笑模样的万圣节派对装扮都会在眼前出现。

Tip 全年法定假日表

日期	法定假日	美国当地活动高潮
1月1日	新年	前一晚纽约时代广场倒数跨年
1月的第三个周一	马丁・路德・金纪念日 Martin Luther King, Jr. Day	圣荷塞于上午09:30行驶自由列车 费城的马丁・路德・金非暴力协会敲响自由钟
2月的第三个周一	总统纪念日 Presidents Day	全国各地大小活动纪念乔治・华盛顿,并且吃樱桃派
5月的最后一个周一	阵亡战士纪念日 Memorial Day	美国阿灵顿国家公墓吊唁无名战士
7月4日	国庆日 Independence Day	圣地亚哥、旧金山、纽约、西雅图等主要城市施放烟花
9月的第一个周一	劳动节 Labor Day	全国各地举办大小游行 美式职业足球联盟(NFL)准备开赛
10月的第二个周一	哥伦布纪念日 Columbus Day	纽约第五大道哥伦布日游行
11月11日	退伍军人纪念日 Veterans Day	鲍德温公园举办仪式,发射礼炮与进行降落伞表演
11月的第四个周四	感恩节 Thanksgiving	纽约梅西百货感恩节大游行 感恩节后一天是全年购物折扣最低的黑色星期五(Black Friday)
12月25日	圣诞节 Christmas	从感恩节后各地即挂上圣诞节装饰,但圣诞节当天及前晚平安夜则无特殊公开活动

参与音乐艺术节庆

1. 得州 西南偏南音乐节 SXSW

从1987年起,每年3月在得州首府奥斯汀(Austin)举办的西南偏南会议与音乐电影节(South by Southwest,简称SXSW),上千场音乐演奏、电影首映和科技趋势发布会遍地开花,掀起整个城市的流行文化、科技产业运动,让数以万计产业人士、媒体工作者和粉丝们趋之若鹜。要在SXSW的官方场合表演得击败上万名来自全世界各地的竞争者,但未入选的音乐人可不会放弃,往往占据了街边一角就当起街头艺人,街头和酒吧通常挤得水泄不通。最有特色的街区在拥有多家百年酒吧的第4街和第6街,到了当地不一定得买演唱会门票,徒步行走就能接触包罗万象的音乐。

2. 加州 科切拉音乐节 Coachella

吸引美国国内外派对参与者的科切拉音乐节,每年4月中在加州的印第奥(Indio)沙漠城市的马球场举行。近年开始将音乐节延长为两个周末,让更多乐迷享受在沙漠看表演的感觉,门票往往在开卖后数小时就售罄,而黄牛价格更是满天飞。可从洛杉矶开车约4小时前往,也因此吸引了许多住在加州的明星参与,而且有机会在台下巧遇比台上表演者还大牌的明星。

一般来说要前往科切拉音乐节,少不了来一趟公路旅行,从洛杉矶到印第奥,可以前往约书亚树国家公园(Joshua Tree National Park)参观,或是中间停留在棕榈泉(Palm Spring)歇息,即可前往音乐节的露营地搭帐篷,或是入住事先订好的印第安式帐篷,搽上防晒油,戴上一顶草帽和墨镜,在舞台间赶场看乐团演奏,在夕阳西下时欣赏四周山岭转红的沙漠景观,在晚上则可以继续随着DJ放送的音乐摇摆,或是躺在草地上看星星、听音乐。

3. 加州 不一定是蓝调音乐节 Hardly Strictly Bluegrass Festival

在美国参与音乐节,有时不一定要支付昂贵的门票,像每年10月在旧金山金门公园(Golden Gate Park)举办的"不一定是蓝调音乐节",包含的音乐类型多元,不管是蓝调、摇滚或民谣,都可以让观众免费入场,在青葱的草地上聆听美妙的音乐。尽管免收入场费,但每年都仍会邀请世界知名的歌手、乐团献艺。之所以免费,乃是因为已故创办人沃伦·赫尔曼(Warren Hellman)对旧金山这座城市的热情,想要回馈给市民一份礼物,至今仍由基金会进行运作,保证每年观众都可以免费入场,参加一场绝对原汁原味、无关商业利益的音乐盛会。

Chapter 1 认识美国篇

❉ 狂欢嘉年华会

1. 加州 同志大游行 Gay Pride

各国愈来愈多的同志大游行,在美国旧金山可说达到鼎盛,每年6月最后一个周日的上午10点开始,在市中心的市场街(Market St)可见到上千名骑着重型摩托车的女同志豪迈地绕街及男同志勇于展现自我,上百辆花车一辆

接一辆在市场街行驶,聚集到市政厅(City Hall)前广场看演唱会或在周边道路的封街派对上热舞。前一晚在卡斯楚区(Castro)就有封街派对,著名地标双峰(Twin Peaks)上会挂起倒三角形的粉红旗帜,在晚上也会亮灯照耀整座山头。

2. 全国 巴西嘉年华会 Carnival

美国有众多中、南美洲移民,当地全年最疯狂热情的嘉年华会(Carnival),在美国也同样热闹万千,火辣的巴西女郎换上以流苏、皇冠和羽毛装饰的衣服,在花车上奔放地手舞足蹈。在洛杉矶、旧金山、圣地亚哥各地都不定期有巴西嘉年华会可以参加。

3. 加州 旧金山越湾马拉松 Bay to Breakers

到美国跑马拉松是很多热衷此道者的梦想,全国各地都有大大小小的马拉松活动,其中旧金山的"越湾马拉松",参与者结合严肃跑者与只是想变装胡闹的人们,在每年5月最后一个礼拜日早上举行,从市中心滨旧金山湾(San Francisco Bay)的内河码头(The Embarcadero)起跑,跑者和参与者一路往西,直到紧邻海边的Great Highway,投向太平洋沿岸海洋海滩(Ocean Beach)的怀抱,结束12.1公里的长跑路线,穿着奇装异服的人们满街都是,是很欢乐搞笑的一场运动竞赛。

❉ 体验另类节庆

1. 加州 佛森街头集会 Folsom Street Fair

有些另类的节庆不让人瞠目结舌不罢休,在旧金山每年9月就有一场特殊的节庆,活动当天佛森街(Folsom St)会封街,上千名热衷"虐待与受虐(SM)"的人们齐聚在此参加街头派对,身着黑色皮制招牌SM服饰,手持皮鞭享受这样另类的癖好。错落其间的摊贩会提供被皮鞭鞭打的体验,让其他人也可以体验这种绝对特殊的乐趣。

2. 全国 亡灵节 Day of Death

每年11月1日或2日,墨西哥人的传统节日死人日会在各墨西哥社区举行,点起烛光,挂上鲜花和以骷髅为意象的各种糖果、装饰品,吊唁逝去的亲人;同时在现场表演行动剧,跳歌舞蹈以欢乐、正面的心态面对死亡。平常在墨西哥街区行走时也会频频看见骷髅画像、物品,绝对不是不吉利的象征,反而充满希望与积极思考。

053

准备工作流程表

> 八大步骤 顺利出国

步骤 1　收集情报
参考书籍、网站与讨论区，做全面性地毯式搜索，从中找出最有兴趣的部分研究，并且结合前人经验，分清旅行大小事。 ▶详见p.56

步骤 2　规划行程
对游玩地区有相当概念后，列出必玩项目清单，并且按照主题、交通方式、天数及预算，从中规划出属于自己的完美美国行。 ▶详见p.59

步骤 3　准备证件
办理电子护照、电子旅游许可证，以及利多的国际学生证、青年旅舍卡，放心出国去。 ▶详见p.62

步骤 4　购买机票
聪明订机票，并且善用机票的优势玩得尽兴，不管是向航空公司或旅行社购买，都能轻松规划出最想要的航行旅程。 ▶详见p.64

符号代表信息
交 交通方式　网 相关网址　时 营业时间　票 参观门票　费 费用　址 详细地址　电 相关电话　注 备注事项

Chapter 2
齐全准备篇

步骤 5
自驾游准备

解析租车、办理国际驾照和自助加油的步骤,让自主性极高的旅人能轻松上路,并且列出行车时注意事项,完全掌握上路状况。

▶详见p.66

步骤 6
预订住宿

介绍住宿等级分类,推荐住宿网站,提供出发前最实用的资讯整理,依据旅人习惯与向往程度不同,详列美国常见住宿选择及注意事项。

▶详见p.70

步骤 7
准备旅费

美国物价依商品种类各异,部分商品比中国贵,但也有不少比中国便宜的选择,消费方法也有所不同,但整体物价仍比中国高。

▶详见p.74

步骤 8
打包行李

长途旅行该如何聪明打包,才能适应当地的气候与环境,并且替行李箱预留空间,避免携带会带来麻烦的违禁品?运用携带清单表格替自己整理打包头绪。

▶详见p.76

收集情报

将旅行美国的梦付诸行动

1 阅读自助旅行书

对于自助旅行者而言，美国可以是很轻易，却也挑战重重的旅行胜地。在地铁相对方便的主要大城市，例如人人向往的纽约，就无须担心交通，只要一本旅游指南书在手，就能畅游全城和邻近地区的好去处。

● 文化震撼之旅·美国
旅游教育出版社出版

对任何一位打算在美国生活和工作的人来说，《文化震撼之旅·美国》都是一本必备的基本指南。您可以了解这片广阔的土地上存在的政治和社会差异，美国人独立、自由和平等的核心价值观，以及如何与当地人交往等各个方面的生活窍门。您可以在这里找到生活舒适且出人头地所需要的任何实用可行的建议。

Tip 下载智慧型手机应用软件App

App可以说是现代科技业的兵家必争之地，各个旅游网站也不例外，最重要的工具是地图、转乘资讯、航班状态和天气预报，景点不同角度的介绍也是可参考重点，市面上也有许多免费的租车、订机票App可以下载，建议多加利用让旅行更顺利。

2 推荐参考网站与讨论区

搜集事前的情报，可以从我们推荐的网站下手，由气象、各州的州政府网站开始，渐渐掌握美国的概况，再在网上寻觅有机会一同成行的旅伴，甚至还有机会得到免费机票呢！

● 气象网站 Weather Underground（中文、英文）
http://traditionalchinese.wunderground.com

到美国前最重要的一件事情，就是先查询目的地的气候状况，并且查得愈仔细愈好。有很多时候除了到大城市旅游，也会顺带去邻近的郊区，甚至是极偏僻高山上的国家公园，天气状况不同，所携带的衣物也大不相同。这个网站是很值得参考的天气预报网，除了有各地气温，还可以查卫星云图、雷达回波图以及网上直播视频，并且有各地的天气历史数据供参考，还特别将正值恶劣天气的地带标明，就是要让人全盘掌握天气状况。目前已经有中文版，但要注意的是查询时可切换显示的为华氏（℉）或摄氏（℃）的温度标示，避免搞错温度。

美国国家旅游局中文网站
http://www.gousa.cn/

美国国家旅游局推出的中文网站gousa.cn，并非其英文网站的简单汉化版本。它完全是根据中国市场的特点与需求重新设计与开发的产品。用户可以通过gousa.cn来了解美国丰富的旅游资源，并分享美国旅行体验，带动更多中国游客赴美旅游，特别是深度游美国，以"发现前所未见的美利坚"。

携程旅行网（中文）
http://www.ctrip.com

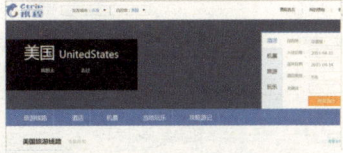

作为中国领先的线上旅行服务公司，携程旅行网成功整合了高科技产业与传统旅行业，向超过9 000万会员提供包括酒店预订、机票预订、度假预订、商旅管理、特惠商户及旅游资讯在内的全方位旅行服务，被誉为互联网和传统旅游无缝结合的典范。

携程的度假超市提供近千条度假线路，覆盖海内外众多目的地，并且从北京、上海、广州、深圳、杭州、成都六地出发，是中国领先的度假旅行服务网络。VIP会员还可在全国主要商旅城市的近3 000家特惠商户享受低至六折的消费优惠。

美国国铁网站（英文）
http://www.amtrak.com/home

若是决定用火车代步旅行美国，则一定要上美国国铁（Amtrak）网站！若已经有清楚的旅行动线概念，则仅需要上网查询时刻表，再使用信用卡刷卡买票即可。若没有居住在美国的朋友帮忙收票，则可选择到场拿票，但要记得携带原信用卡。在网站里列出特别的优惠方案，并且针对部分长年受到欢迎的路线，提供转乘公交车的路线，让旅客能精准搭上下一班前往目的地的公共交通运输工具。此外，网站上也可以查国铁提供的精彩自由行行程，给旅行者更多玩乐的选择。

旅行网站订位与评价网站 TripAdvisor
http://www.tripadvisor.com

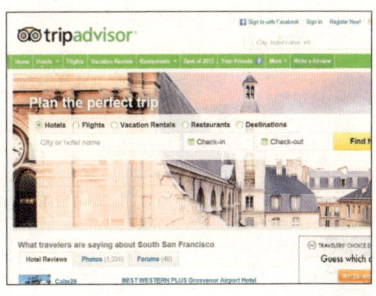

TripAdvisor是多功能网站，在机票、住宿比价上搜索引擎强大，可以列出几乎全世界的航班和住宿资讯，并且在同个页面中显示出网友评价。列在最新贴文的评价若是英文，网站会依使用者语言调整成中文，虽然是电脑自动翻译，但仍不失为能快速浏览的好帮手！你游遍美国后，也可以回头给去过的餐厅、景点、城市和国家评分，并留下最真实的宝贵意见，给未来的旅行者参考。

美国各州官方网站链接网站
http://www.usa.gov/Citizen/Topics/Travel-Tourism/State-Tourism.shtml

美国共有50个州以及数个境外领地，每一州都各有推广各州旅游的网站，从以上由美国政府网站所列出的链接，可以很轻易点击有兴趣的州别，再一层一层深入了解。部分地区因为中国游客造访率很高，例如关岛、夏威夷，只要点进去后往网页右上角找，就能选择繁体中文版，但多数仍为英文版本。要获得详细资讯可以再由其中的介绍，上搜索引擎查询关键字，获取更深入的资料。

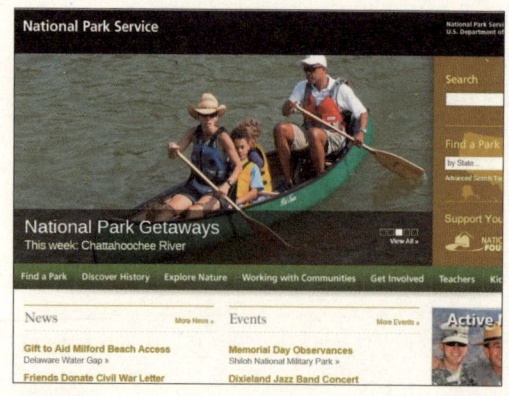

美国国家公园网站
http://www.nps.gov/index.htm

对于热衷户外运动的旅行者来说，美国的国家公园是不可错过的景点，这个网站聚集各个国家公园的资讯，可先通过右边的搜索引擎"Find a Park"中详列的各州别，点击目的地州别，接着画面会跳出清楚的地图，标示该州自然景观名胜地区。再来最实用的选项是"Plan your visit"，里头会列出前往订房、订露营地的链接，旅行者可以从中事先预订。要注意的是热门的国家公园，住宿往往要至少3个月前先预订才有机会订到。由于大部分的公园都很原始野性，去之前务必要详读该注意的自我保护守则，才不会误触有毒的植物或有可能攻击人的动物。

3 洽询当地游客服务中心

抵达一座城市的第一件事，除了先到旅馆安顿外，就是到当地的游客服务中心了！除了机场出境大厅多设有询问处可以洽询、先索取地图和各种资料外，位于城市中的游客中心也都有城市周游券、导览手册等。以下介绍以游客众多的纽约、旧金山为例。

旧金山游客服务中心 San Francisco's Visitor Information Center

旧金山游客服务中心位于旧金山市中心车站Powell站旁的Hallidie Plaza广场。旧金山游客服务中心提供旅游咨询服务，除了有专人热心地指引旅游路线图，最近才重新打造的互动式屏幕，更让游客能快速欣赏旧金山每处景点的美景和状况，也可以购买"City Pass（城市通票）"。但建议先上网购买，得到的优惠更多。此外旧金山市区地铁、公交车网络Muni的优惠"Muni Passport"也可在这里购买。

DATA
网 http://www.sanfrancisco.travel 址 900 Market Street, San Francisco, CA 电 (1)415-391-2000 时 5月至10月平日09:00-17:00、假日09:00-15:00，11月至次年4月平日09:00-17:00、假日09:00-15:00，每周日休息，感恩节、圣诞节和元旦休假。

纽约时代广场旅游中心 Time Square Visitor Center

纽约不只一处旅游中心，但纽约时代广场旅游中心可说是最方便的去处！就位于时代广场正对面，不仅提供纽约旅游的相关资讯，告诉你怎么买百老汇的票最划算、纽约有哪几处新兴的时尚去处，还出售City Pass，让有计划纽约玩透透的旅客，以最实惠的价格游遍博物馆、大厦，并且搭船漫游哈德逊河。另外一处游客中心纽约客中心（New York city Official Visitor Information Center）则位于810 7th Ave，可上网站www.nycvisit.com查询。

DATA
网 http://www.timessquarenyc.org/visitor-tips/times-square-visitor-center/index.aspx 址 1560 Broadway Ave., bet W.46th & 47th St 电 (1)212-768-1560 时 08:00-20:00

规划行程
详细计划完美美国行

1 列出必玩清单

人人心中都有最憧憬的去处。提到阿拉斯加，不少人就会直接联想到极光，但不是每个季节都适合去追极光；想到拥有无敌大间歇泉的黄石公园，在冬天可是人们不能进的国家公园。因此应先想好这趟旅行绝对不能错过的必玩景点，再依照可行季节去规划旅行时间、方式，这样对有特定目标的人来说，绝对是较为合乎逻辑的做法。

图片提供／City of Chicago

2 按主题规划

依照自己的兴趣安排一趟美国之旅，是再快乐不过的事情！喜欢篮球运动的人们，千万不能错过亲临NBA比赛的机会，在现场撕破喉咙替支持的球队呐喊；疯狂追求音乐节的人们，则一定要去广邀国际级、各种乐风乐团表演的各大音乐节；探险一族请先练好身子，再朝挑战美国旷野的目标前进；想要在游乐园圆小时候的一个梦，就不得不抽出时间带小朋友前往梦幻境地"迪斯尼乐园"。

3 按交通方式规划

美国幅员辽阔，若时间有限，依照交通方式来规划行程会是让旅行较为顺利的方法。以最方便的地铁来说，地铁车站附近通常就是较为热闹的区域，可以从此地开始徒步旅行；再者许多人喜爱的自驾游，机动性较强，只要用GPS（全球定位系统）或买一本所去州公路地图，就能畅游美国各地。使用何种交通工具，通常会形成旅游者的性格。

4 按天数规划

想到美国旅行，至少安排7天以上的行程会较为恰当。从首都机场飞往美国西岸，直飞就需约13个小时，若搭乘转机班机，通常18个小时跑不掉，因此实际玩的时间需扣掉一天半。时差也是必须克服的问题。现有的旅游签证时间较长，让时间充足的游客，有机会来场畅游全美国的大旅行。

基本游程 7日游

北京直飞美国西岸单程约13个小时，直飞东岸约19个小时，若包括转机时间又更久，因此在计划美国行时，建议先扣掉一天搭飞机时间、一天调整时差，实际玩的时间其实不多。因此至少7天才有机会深入城市各角落！要争取游玩时间，只能从航班选择上下手。（以纽约为例）

→ 可以玩

纽约曼哈顿岛经典行程→造访时代广场+漫步格林尼治村+东村当半日文青+血拼时尚购物苏荷区+亲访大都会博物馆+游玩美国自然历史博物馆+肉品加工区夜店游+穿越布鲁克林大桥+h&M旗舰店大肆采购+中央公园慢跑+美味犹太食物巡礼

延伸行程 14日游

若有两个礼拜的时间，不妨规划跨城之旅，购买航空公司不同点进出的机票（请参考购买机票p.065），从出发点的机场租车，接着排出每天必须行驶的公里数，以及想要停留的城市，再顺游城市与城市间的自然原野，来一趟深度的美国之旅。（以太平洋西海岸之旅为例）

→ 可以玩

圣地亚哥一日墨西哥跨国游+洛杉矶好莱坞星光大道之旅+洛杉矶环球影城+洛杉矶比佛利山庄血拼+海豹海岸赏动物+圣芭芭拉小镇+海滨自然生态保护区踏青+横越旧金山金门大桥+旧金山卡斯楚街同志酒吧+俄勒冈州火山口湖国家公园之旅+波特兰欣赏特色小店+西雅图品尝传说中的咖啡+探索奥林匹克国家公园

壮游美国 1个月游

若有足够的时间停留在美国，除了可以选座喜欢的城市深度居游，放慢脚步试着过当地人的生活，也可以来场横穿美国国土的壮游！每一州都各有自己的特色与风情，以驾车的方式游历，开车经过沙漠、高山或经过湖泊，所感受到的震撼是短期旅游难以达到的境界。（以美国66号公路为例）

→ 可以玩

在伊利诺伊州的芝加哥开始租车+品尝玉米热狗+前往密苏里州边界小镇+在俄克拉荷马州的牧场赏牛+加州印地安人居住区+新墨西哥州品尝地道墨西哥料理+行驶亚利桑那州沙漠+得州牛仔小镇风情+拉斯维加斯放纵一下+加州荒野鬼镇+洛杉矶看一场NBA球赛

Chapter2 齐全准备篇

5 按预算规划

去一趟美国，纵使得花长时间飞行，但预算也可以很有弹性。若从首都机场出发，不少航空公司会不时推出令人惊喜的票价；飞往主要城市纽约、旧金山和华盛顿D.C.等，票价通常会比去较冷门城市便宜。而住宿方面，从平价的青年旅馆到豪华的饭店，也有从低到高的价格选择。从省钱背包客到高享受一族，美国想怎么玩，就怎么玩。

● 经济型预算，你可以……

旅费控制在人民币 203.9568 ~ 407.9135 元 / 天

- 住：住宿青年旅馆，每晚房价依城市不同约人民币 101.9784 元起价，每人每床计费。
- 吃：品尝两家当地著名熟食店的三明治或墨西哥卷饼，约人民币 40.7905 元。
- 景点门票：游览不收取门票的景点，或善用博物馆免费日。
- 交通：以徒步或搭乘巴士之旅漫游城市。

● 玩家型预算，你可以……

旅费控制在人民币 407.9135 ~ 611.8578 元 / 天

- 住：住宿青年旅馆的私人房型，每晚房价依城市不同约人民币 203.9526 元起价，若有旅伴可分享房价。
- 吃：品尝一家当地著名熟食店的三明治作为午餐，约人民币 40.7905 元。或是去一家当地人最爱去的餐馆用餐，约人民币 91.7787 元。
- 景点门票：游览不收取门票的景点如公园，或善用博物馆免费日。
- 交通：搭乘巴士或租自行车漫游城市，巴士单趟约人民币 12.2372 元，租自行车约人民币 183.5573 元起价。
- 夜间娱乐：去酒吧喝一杯，一杯啤酒约人民币 24.4743 元。

● 豪华型预算，你可以……

旅费控制在人民币 815.6773 ~ 1019.5966 元 / 天

- 住：住宿三星级旅馆，每晚房价依城市不同约人民币 713.7177 元起价，若有旅伴则可分享一半房价。
- 吃：品尝一家当地著名的早午餐开启美妙的一天，约人民币 71.3718 元。喝下午茶可去一家当地人最爱去的糕点店，约人民币 61.1758 元。
- 景点门票：游览各城市知名博物馆和美术馆，门票约人民币 61.1758 元。
- 交通：搭乘地铁漫游城市，地铁单趟约人民币 12.2372 元。
- 夜间娱乐：看一场好看的演唱会或百老汇，门票约人民币 305.879 元；或去酒吧喝一杯，一杯啤酒约人民币 20.3919 元。

● 贵族型预算，你可以……

旅费控制在人民币 2037.7389 ~ 4075.4778 元 / 天

- 住：住宿五星级旅馆，每晚房价依城市不同约人民币 2037.7389 元起价，若有旅伴则可分享一半房价。
- 吃：选择当地著名的早午餐开启美妙的一天，约人民币 71.3209 元；至一家当地人最爱去的糕点店用下午茶，约人民币 61.1322 元；晚餐至当地使用有机食材的米其林餐厅，约人民币 1018.8695 元起价。
- 交通：搭乘出租车漫游城市，出租车单趟人民币 61.1322 元起价。
- 景点门票：游览各城市知名博物馆和美术馆，门票约人民币 61.1322 元。
- 夜间娱乐：看一场中国还看不到的演唱会或百老汇，门票约人民币 305.6608 元；或去露天高级酒吧喝一杯，一杯调酒约人民币 61.1322 元。

准备证件
前往美国好简单

1 办理护照

● 如何办理护照

到美国旅游要事先办理好护照，一般建议至少在出国前一个半月办理护照申请手续。

中国公民赴美国旅游或探亲访友、自费留学等，需办理因私普通护照。原则上中国护照发给16周岁以上中国公民。不满16周岁者，则随其父母或监护人共用一本护照，在必要时，也可为16周岁以下的儿童单独发相应的护照。

中国公民因私出国申领普通护照，必须向本人户籍所在地县级以上公安机关出入境管理机构提出申请，递交申请材料，回答有关的询问并履行相关手续。

● 申办护照时间

办理护照所需的工作天数为：收到申请材料之日起15日内签发，偏远地区交通不便或特殊情况的，签发时间可延长至30日。

首次申请、换发、补发（不含丢失补发）护照，收费200元人民币，丢失补发护照再加收20元。

● 申办护照所需证件

一般人（年满16岁）申办普通护照所需证件

首次申办护照 （必须亲自办理）	申换护照	遗失补发
1. 近期免冠照片（白底彩色）一张。 2. 填写完整的"中国公民因私出国(境)申请表"。 3. 居民身份证和户口簿及复印件，在居民身份证领取、换领、补领期间，可以提交临时身份证和户口簿及复印件。 4. 未满16周岁的公民，应当由监护人陪同，并提交监护人出具的同意出境的意见，监护人的居民身份证或者户口簿、护照及复印件。 5. 国家工作人员提交本人所属工作单位或上级主管单位出具的同意出境的证明。	除提交首次申办护照规定的材料外，还应该提交原普通护照及复印件。	普通护照遗失或被盗的，可申请补发。申请时，除提交首次申办护照规定的材料外，应当提交报失证明和遗失或者被盗情况说明。

（白底彩色照片规格：不含边框，直50mm×横50mm，光面白色背景照片）。

北京市何处申办护照

申办地点	地址	交通	办公时间
出入境管理接待大厅	东城区安定门东大街2号	乘坐特2路、13、44、116、117、807路公交车	星期一至星期六8:30~16:30
东城公安分局	东城区金宝街52号	乘坐24、106、108、111路公交车	星期一至星期六9:00~11:30 13:30~16:30
西城公安分局	西城区二龙路39号	乘坐7、10、46、477、626路公交车	星期一至星期六8:30~11:30 13:30~17:00
朝阳公安分局	朝阳区京广大厦商务楼二层	乘坐特8、运通107、402、420、507、801、858路公交车	星期一至星期五8:30~11:30 13:00~17:00
海淀公安分局	海淀区阜成路67号	乘坐运通102、106、505、733、746、748、846、849、850、967、977路公交车	星期一至星期六8:30~11:30 13:00~17:00
丰台公安分局	丰台区科技园区外环西路16号	乘坐特7、353、354、451、477、480、744、811、937支、944支、967路公交车	星期一至星期六8:30~11:30 13:30~17:00
通州公安分局	通州区新华北街35号	乘坐322、342、372、435、615、647、648、649、667、675、924、930、938、938支2、938支4、938支6、938支9、991路公交车	星期一至星期六8:30~11:30 13:30~17:30
顺义公安分局	顺义区顺平西路8号	乘坐顺义环1、915、955路公交车	星期一至星期六8:30~11:30 13:30~17:30
昌平公安分局	昌平区南环东路与亢山路十字路口东南角	乘坐小5、345快、357、376、493、919、947路公交车	星期一至星期六8:30~11:30 13:30~17:30

 **申办签证**

　　入境美国的外国公民必须首先要获得签证。美国签证分移民签证和非移民签证，其中非移民签证又划分为很多类别，主要用于以特定目的为由要在美国停留一段时间的游客、商务人士、学生或专业工作者。因为美国签证分类很细，具体要申办哪种签证，可登陆www.ustraveldocs.com/cn_zh进行查询，它是中国唯一授权预约签证面谈的网站，包含了所有关于美国签证申请的资讯。也可登录美国驻中国大使馆网站chinese.usembassy-china.org.cn了解相关信息。

签证办理地点

美国驻中国大使馆
地址：北京市朝阳区安家楼路55号
电话：010-85313000
网址：chinese.usembassy-china.org.cn

美国驻武汉总领事馆
地址：武汉市汉口建设大道568号新世界国贸大厦I座47层
电话：027-85557791
网址：wuhan-ch.usembassy-china.org.cn

美国驻上海总领事馆
地址：上海市淮海中路1469号
电话：021-64336880
网址：shanghai-ch.usembassy-china.org.cn

美国驻广州总领事馆
地址：广州市天河区珠江新城华就路43号
电话：020-38145775
网址：guangzhou-ch.usembassy-china.org.cn

美国驻成都总领事馆
地址：成都市领事馆路4号
电话：028-85583992
网址：chengdu-ch.usembassy-china.org.cn

美国驻沈阳总领事馆
地址：沈阳市和平区十四纬路52号
电话：024-23221198
网址：chinese.shenyang.usconsulate.gov

＊以上资料均来自美国驻中国大使馆网站。鉴于相关信息时有变动，请以官方最新公告为准。

购买机票

越早确认机票越安心

利用网络订购机票是自助旅游的新趋势，只要有信用卡及护照号码，就可随时随地轻松订购机票。网络订票的其中一个好处就是不少订票网站都有搜索平价机票的功能，甚至有竞标机票的服务，24小时紧贴行情，比直接向旅行社订购更便宜。

○ 买到适合自己的机票

航空公司通常会在出发日期前半年至3个月开始售票，各大订票网站也多会提供即时比价的功能，但要注意的是便宜的机票限制较多，例如无法转让或退票，若要更改时间则需付昂贵服务费，因此建议购买机票时，先向航空公司查询机票规定。另外，不同的航空公司都有直飞或转飞的班机可供选择，如果想以最划算的方法出游，不妨可考虑通过转机于第三国先停留游玩1～2天，然后再飞往纽约；但要注意的是并非所有航空公司或机票都可于转机途中出关，购票前先向航空公司查询清楚。

○ 飞往纽约的航班选择

从北京、上海、广州直飞纽约或中转的航班非常频繁，仅北京首都机场每天有上百个航班来往于北京首都国际机场及纽约肯尼迪国际机场，上海、广州直飞或中转到纽约每天也都有几十个航班。

以转机方式飞往纽约是一个好方法，中国东方航空、中国国际航空公司、美国达美航空、国泰航空、联合航空、美国航空、大韩航空、韩亚航空、全日空、新加坡航空等都是不错的选择，旅客可按自己的需要选择换机地点。

○ 订票网站

网络订票主要分为两大类：航空公司官网和搜索比价网站。以下列举几个具代表性的比价网：

携程旅行网 http://www.ctrip.com

该网站除代订机票，还有"竞标"服务，只要给出可出行的日期范围，就可参与竞投，有机会抢到便宜机票，但须注意竞到的机票无法取消。

Expedia：http://www.expedia.com

提供预订机票、酒店、游轮、景点门票、租车等服务，搭配方式多元且享有优惠。可选择中文界面。

Tripadvisor：http://www.tripadvisor.com

选定目的地后，点击"显示价格"，便可同时查看其他大型旅游网给的定价，轻松比价。可选择中文界面。

Travelocity：http://www.travelocity.com

与Expedia类似，提供预订机票、酒店、游轮、火车票、景点门票、租车等服务，资讯丰富。

Orbitz：http://www.orbitz.com

综合提供预订机票、酒店、游轮、租车及旅游组合等综合订票服务，而且还有多项打折资讯。

网络订票流程

● 订票流程

Step 1 输入计划出发日期、回程日期和同行人数。

Step 2 网站会显示当日不同时段的行程和票价（如果是比价网站，则会出示所有航空公司航班）。选择心仪的行程（如加入购物车）。

Step 3 确认机票日期、种类、退票或改期款项（这个阶段不能急）。

Step 4 输入个人资料（联络资料、护照上的姓名、护照号码或个人出生日期、信用卡等）。

Step 5 部分网站会提供保险、订餐、网上划位等额外服务，可一并选购。

Step 6 确认付款资料，即付款。

● 注意事项

机票有效期：一般为7天、14天内、1个月或1年期，价格根据停留时间增加。如打算长途旅行，应先了解机票有效期。

机票改期：有时候特价机票若要改期，手续费可能比机票价格更贵。

乘坐班机注意事项

● 注意行李切勿过重

国际航班免费行李重量限制严格，通常只能带1件托运行李及1件手提行李，托运行李体积不得超过20厘米×40厘米×50厘米，经济舱为23公斤。如遇上超重情况，航空公司将对每件行李收取100美元的额外费用，如行李超出32公斤，更会提高至200美元1件行李的收费。不少人在纽约放开购物导致行李超重，为了退税又不得不托运，建议可考虑将体积大和超重的杂货寄送回国内（如小型家饰、CD、书籍等），单价较高的化妆品则在机场申请退税后托运。

● 停泊站安排

美国自从"9·11"事件后，对飞行安全进行严格管制，每位乘客及行李都要经过保安检查，因此要预留更多时间在入闸后前往登机闸口。

Tip 积累里程换机票

从北京、上海到纽约的机票一点都不便宜，如果懂得利用一些小技巧，尽量每一次都选搭同一航空公司或联盟网内的班机，积累里程，往往可从两次来回北京或上海、纽约，或北京或上海飞往美国其他城市的里程中获得一张美国境内的免费机票。现时全球的航空公司联盟主要有天合联盟（SkyTeam Alliance）、寰宇一家（One World）及星空联盟（Star Alliance），联盟网内所属的航空公司可上官网查询。

・天合联盟：http://www.skyteam.com/
・寰宇一家：http://www.oneworld.com/
・星空联盟：http://www.staralliance.com/cn/

廉价航空

目前从北京、上海、广州飞纽约的航空公司有几十家，但暂时没有廉价航空提供服务。北京飞纽约转机的机票价格人民币为3 000~4 500元，直飞票价人民币5 000元左右。由于特价机位转瞬即逝，买到便宜机票的小窍门就是要时刻紧盯航空公司短期促销的活动，或是经常使用Skyscanner、Expedia等网站比价服务，在价格较低时赶紧购买机票。如果希望能有大幅度的折扣，最有可能的方法是等待"最后时刻"（Last Minute）仍卖不出去的机票，或是使用Priceline竞标功能，但这些机票需要旅行者有较弹性的出发日期，且通常会限制行李的重量，甚至无法退票及更改出发日期。

电子机票

电子机票最大的优点就是免去了取票问题或遗失、忘了带的困扰，只需要打印出班机行程并记下机票编号，出发当天向航空公司柜台出示护照或身份证，即可办理划位、搭机手续。如有需要，最好携带订购机票的信用卡，万一临时出现状况，仍可通过信用卡与订票网站的交易号码进行认证。

自驾游准备

机动性最高深度旅游

想要玩遍美国，自驾游绝对是最好的方法。除了部分主要城市有公共交通运输工具，绝大部分的地区仍需要开车才能走透，也因此美国人几乎人人都有一辆车，以车代步是很普遍的交通方式。

◎租车注意事项

中国公民在美国短期开车，首先要拥有合法的中国驾照，其次还需要驾驶者本人到我国政府公证机构办理驾照的英文公证书。特别是如果遇到交通警察检查，没有公证书就麻烦了。虽然目前有些机构办理所谓的"国际驾照"，但在美国有些州使用却是不合法的，因为这些"国际驾照"大都是非官方的民间机构自订的一种协议，不被美国法律承认和保护。

在美国的租赁车辆品种齐全。需要注意的是车辆不是按品牌而是按照车型和大小规格分租的。租车都是以24小时计算，精确到分钟。如果异地还车，费用会高达几百美元。

车辆选好后要购买保险，有车损险(DLW)、车辆全保险和人员保险等。美国的信用体系发达，取车时不需要付款，但是需要刷信用卡作为担保，所以您的信用卡的可用额度必须要足够租车的所有费用，否则就无法取到车辆。车辆的所有费用会在您还车时扣除，一周以后您就可以在网上查到电子账单。

如果所租车辆有多人驾驶，则驾驶该车的所有人均须本人到场，出具本人相关证件并在租车合同上签字。因为一旦未登记的人员驾驶该车遭遇事故，后果会非常麻烦。

◎路线规划方法

美国境内旅行

只要决定好出发点和目的地，以及中间想停留的小城镇，使用Google Map查询路线即可，州与州的边界没有要查验身份的检查站。一路都开高速公路难免有些无趣，此时不妨再深入查询平行的乡间小道，窗外风光绝对令人惊艳。收费站在美国也很普遍，例如从金门大桥（Golden Gate Bridge）进入旧金山，得缴交美金6元，但由于是电子缴费，建议在租车时就先告知租车公司让其代为缴款，通常金额会从信用卡自动扣款。西弗吉尼亚州的收费站甚至密集，建议身上多带些小额钞票。

美加、美墨跨国旅行

1.美加

从美国开车到加拿大，最流行的方法是从西雅图沿着公路往北而上进入温哥华。从公路I-5往

Chapter2 齐全准备篇

北开，会遇到边境海关，遇到海关后会被查问个人情况，详细检查有无携带违禁品，下车到移民局盖入境章办手续，核准后再往99公路直达温哥华即可。

2.美墨

深富探险精神的游客，可以尝试从美国加州到墨西哥边境旅行。很多人选择从圣地亚哥进入墨西哥的蒂华纳（Tijuana），但由于墨西哥治安较为混乱，非当地的车辆很容易成为"目标"，故不太建议开车进入墨西哥，建议先开到圣地亚哥的美墨边境停车，再步行前往巴士站，转搭当地巴士即可。

租车公司和价格

美国租车业很发达，通常交车、还车为同一定点时价钱会较省，若交车地点为机场的话则有可能发现惊喜价，反之市区交车则价格较为昂贵。租车天数愈长，平均单日价钱愈低。

租车价格参考（以2013年9月4日至5日为标准，美金/天计价）

租车公司/车款	Ace	Payless	Advantage	Fox	Hertz	Thrifty	Dollars	Budget	Avis
经济型（Economy）		44	45	89	146	120	120	142	151
标准型（Standard）		53	54	120	157	140	140	153	162
小货车（Van）	75	80	109	143	99	149	149	154	164
旅游车（SUV）		94	89	104	146	142	142	141	141

租车流程

 上网设定交车、还车点和时间，指定车型并查询价格。

 登录驾驶者资料，并且在指定时间抵达交车点柜台。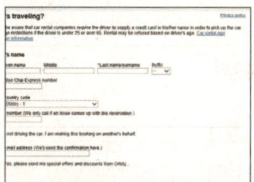

 提供驾照、订位记录、信用卡资料给柜台，依需求买程度不同的保险。

 抵达该公司车辆停车场，把订购单交给工作人员。

上车后，先在停车场熟悉车辆后再出发。

067

加油步骤

在美国除了俄勒冈州以外,全部的加油站都采用自助式加油,也因此学会怎么使用加油站工具、缴费,是在美国自驾游的必备常识。

Step 1 选定油价较划算的加油站。

Step 3 拿起加油枪,完全放入加油孔内,固定后用力扣下把手即可,油加满后会自动停止。

Step 2 刷美国当地发行的转账卡、信用卡,若没有则可去加油站旁的超市,向店员买储值卡并付现金或刷中国发行的信用卡,即可回到车边进行下一步骤。

Step 4 回到超市向店员要求归回未用完的储值金额。

美国交通规则十大重点(以加州为例)

联邦制国家最令人感到复杂的一点,就是各州的规矩大不相同,但在开车上仍有一些大部分通用的法则,除了租车后可到当地DMV(监理单位)索取交通法规,以下十大重点仍不能不看:

- 不管是驾驶者或乘客,都得系上安全带。
- 把6岁以下儿童独自留置于车内属违法。
- 看到八角形红色"STOP"标志得"完全"停车。
- 行人的先行权最大,不管行人是否误闯道路中央,任何车辆都得停车礼让。
- 大部分加州公路最高限速为每小时65英里(约104公里)。
- 车道以数字标示,左侧的最快的快车道为1,依此类推。
- 若自行车道有大量自行车骑士,则不要转入该车道驾驶。
- 遵守信号灯往左、右转。
- 在斜坡上停车时应把车轮偏转。

Chapter2 齐全准备篇

🔵 美国公路系统分级

想要尝试自驾游,弄懂各种公路系统的标示和规则,是最基本的要件!一般市区里的道路,除了遵守红绿灯、限速标志,美国还有一种红色的"STOP"标示,表示任何车都必须在"STOP"标示前的路口停车,等待所有行人通过后,才能加油继续上路。车子完全静止前,横向的车子已经准备踩油门,则需横向的一辆车先过,自己才能踩油门,这里要注意的是需谨守一车停、一车过的原则,不是得等一边大排长龙的车阵通过后,另一边才能通行。

在美国自驾游避免不了公路系统,其中"州际高速公路系统"(Interstate Highway System),是贯穿全美最方便的公路,南北向编号为奇数,东西向为偶数,号码由西向东、由南向北逐增。此外还有美国国道(United States Numbered Highways)、州内高速公路(State Highways)以及郡内公路(County Highways),除了利用GPS指引道路,从奇数、偶数判断方位也很重要。

Tip 美国严惩酒驾不可轻忽

血液中酒精浓度超过0.08%,就已经被视为违法。各州面对酒驾规定不一,但通常当警察发现酒驾驾驶,就会立即给其戴上手铐,送到拘留所等待交保。违法者必须支付保释金、拖车费用和罚金,并且吊销驾照一年,就算是非美国公民也一视同仁,切勿以身试法。

野生动物漫步要小心

在美国自驾游,多数时间会待在高速公路上,想要到乡间小路,或沿着路线往深山探险要注意当地气候,若要下雪则一定要加装防滑链。此外更要小心野生的鹿!小鹿看起来很可爱,但很喜欢温暖的柏油路,不时会在车前纵身一跃,或是三五群聚,因此开车要特别注意,否则极有可能危及人身安全。

预订住宿
挑选舒适的短暂居所

除了国际游客,美国本土往返各地旅行的人也众多,若目的地是国际知名城市,住宿可得提早2至3个月预订。还要注意若碰上美国的长假,比如说7月4日国庆日、圣诞节等,不仅房价会比淡季贵至少1/3,评价好的住宿地也需要更早预订,以免最后住不到理想的旅馆。

何时需订好住宿

一般来说,确定好目的地后,在订机票时,就可以一同查询住宿,从中调整旅游的时间。美国连续假期、法定假日和当地学生的暑假,都算是旅游旺季,房价会比淡季时贵至少1/3,也必须在至少3个月前就先预订,选择性才较大。大部分的旅馆及住宿都可通过旅行社协助比价、订房,不想让他们赚服务费的人也可直接向心仪的旅馆订房,直接上网,或打电话给柜台,这时柜台人员多会要求提供信用卡号,万一房客临时不入住,也有扣手续费的依据。

如果是安排一趟时间较久的公路旅行,建议先订前3天在主要城市的旅馆,调整时差并熟悉环境后再出发,可以依据每天行车的状况,在高速公路边的汽车旅馆歇息,或者在小镇中寻找住宿。要注意虽然汽车旅馆很多,但若是邻近大城市如洛杉矶、纽约等,仍有可能一房难求。户外运动好手可以在车里放露营器材,这也让住宿选择更多元。要注意的是美国不能未经许可乱扎营,仍须寻找合格的露营地,这样做也较有安全保障。

订饭店的方式

向中国各大旅行社订房

旅行社拿到的房价,和旅行社公告的价钱通常不同,并且每家旅行社间的订价也不一,仍需要多方比价,询问时也可同时间洽询"机+酒"的价格,从中盘算最划算的组合。

Step 1
向具品质的旅行社联系,提供入住期间、预算、人数和偏好,等待旅行社人员报价。

Step 2
依据人数、睡眠习惯选择房型,一般旅馆多有一张双人床、Queen Size、King Size和两张单人床的选择,鲜有单人房,也因此单人的住宿预算得拉高。

Step 3
考虑是否接受报价,或另寻其他旅行社要求报价。

Step 4
若接受报价,则需填写订房单,或以刷卡、转账方式缴款。

Chapter2 齐全准备篇

直接向旅馆订房

临时需要住宿的旅行者，可以在路途中直接致电订房；人还在原出发地者，则可以通过网站订房。若是抵达时间会比预定晚，最好能致电旅馆，以免住宿被临时取消。

Step 1
可选择上旅馆官方网站订房系统、发e-mail或直接致电。

Step 2
选择入住期间、人数、偏好房型。（此时可特别注明要吸烟、非吸烟房间，或是其他额外服务）

Step 3
提供信用卡资料。

Step 4
完成订房。

上订房网站预订

Step 1
浏览目的地城市的各项优惠套餐。

Step 2
选择入住期间、人数，再依据旅馆星级、地区、设施进行筛选。

Step 3
选择房型，进行各订房网站比价。

Step 4
输入入住者资料，最好和信用卡持有人为同一人，因入住时可能须出示原信用卡。

Step 5
依照各订房网站规定预付订金，或者付全额。要注意各国网站计价的币值不同，不一定显示英文就都是以美元计价，亦有可能会以欧元计价，换算时要细心。

住宿的类型

星级旅馆 Hotel

美国旅馆的分级制度没有统一标准，但是目前以美国汽车协会（AAA）所发展的钻石分级系统最具公信力，其共分一颗钻石至五颗钻石，愈多钻石代表愈高级。AAA每年都会针对美国、加拿大和中美部分国家进行评比。在国外订房网站上浏览旅馆时，可从递进筛选星级选项中，过滤出想选择的饭店等级。最高级的饭店集团有瑞吉（St. Regis）、费尔蒙（Fairmont）、丽思卡尔顿（Ritz-Carlton），房价一晚多半人民币3059.6634元起价。

度假村 Resort

美国的度假村多聚集在夏威夷、阿拉斯加、佛罗里达和加州等自然生态丰富的部分地区，包括拥有国际级高尔夫球场地的附属度假村，例如威斯康星州、北卡罗莱纳和南卡罗莱纳等区域，都有高档的会员制度假村。度假村提供绝佳的住宿品质和足够的休闲娱乐设施，让房客能获得充分休息，延长待在园区中的时间。依照环境不同，通常以海滨、森林、温泉、水景和山谷间度假村最常见，房价一晚多半人民币917.7118元起价。

汽车旅馆 Motel

美国的Motel和中国的汽车旅馆定义大相径庭！在美国很流行公路旅行，或者因应工作需要长途驾车，由于很难掌握何时才能到目的地，而途中又不一定会经过热闹的大城市，于是在高速公路休息站附近，总会有多家连锁汽车旅馆，提供简单的住宿，有些还会附设小型游泳池。例如Super 8（速8）、Motel 6（6号汽车旅馆）和Hotel Inn（假日酒店）都是常见的汽车旅馆，分非吸烟房、可吸烟房，房价一晚多半人民币305.9663元起价，愈乡下的地方愈便宜。

071

出租民居 B&B

美国愈来愈流行类似中国的日租套房，并且有成为市场主流的趋势。除了已具品质与名声的民宿B&B提供像家一般的住宿及早餐之外，愈来愈多的住宿网站以社区的概念推广，不收取费用的如"沙发冲浪"（CouchSurfing）已行之有年，收取费用的如Airbnb（空中食宿）则是提供平台，任何人都可以上网登录成为客房，住宿一天至数个月片。通常住宿的地方就是主人家的空房，如何进房、退房，或是是否提供导游服务，全由房客和主人协议，房价一晚多半人民币203.9484元起价。

青年旅馆 Hostel

青年旅馆虽有官方的青年之家（YH）系统，但实际上在青年旅馆文化已十足成熟的当下，不只有YH系统的住宿可选择，只要搜索关键字"Hostel"寻找即可。由于青年旅馆必须由众多房客以购买一床一晚的方法付费，因此多聚集在游客众多的大城市，而房租愈贵的地方，一个房间所容纳的房客越多。这类住宿的特色是有人情味，很容易结交新朋友，房价一晚一床多半人民币122.3217元起价。

露营和RV车 Camping

户外运动在美国非常盛行，家家户户每到假日总会规划野外之旅。美国的国家公园多提供旅馆、已搭建好的帐篷、露营地等住宿选择；若当地有露营区，公路边多会以棕色的露营标示标明。由于美国未开发的区域很多，露营地也多半为自然旷野，甚至有些地方没有冲水马桶，并且半夜会有野生动物造访，因此要谨记保存好食物，才不至于吸引可能有攻击性的动物来袭。营地一晚一区多半人民币71.3543元起价。

Tip 订住宿小叮咛

绝对要避开治安较差的地段。在主要大城市，便宜的住宿往往得让游客承担风险。在美国，治安依照地区有很大的差异，例如若前往旧金山，要尽量避免住在田德隆区；前往洛杉矶，则绝对不要挑战恶名昭彰的市区贫民窟（Skid Row）。虽然不是每个人都一定会在这些区域遇到麻烦，但只身在外，问题能避免则避免。想要了解各地犯罪率状况，可以上网站查询。

推荐网站：Crime Maping：http://www.crimemapping.com/default.aspx
　　　　　Crime Reports：https://www.crimereports.com

🏠 住宿推荐网站

Hostelworld　http://www.hostelworld.com

以青年旅馆、民宿为主要搜索对象，很适合想省钱、体验青年旅馆的旅行者，全世界各个目的地都有完整的选择可参考，几乎所有的青年旅馆都在上头发布住宿信息，只要先付10%的订金，入住当天再缴剩下费用即可。

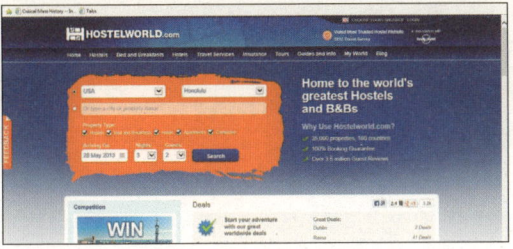

Agoda　http://www.agoda.com

每次订房可以获得4%～7%的回馈积分，可利用积分帮助下次订房，或有机会获得免费套房，有点类似航空公司的累积里程概念。网站聚集全球各地285 000多家饭店。37 000多个目的地的住宿，同样也有"保证最低价格"服务。

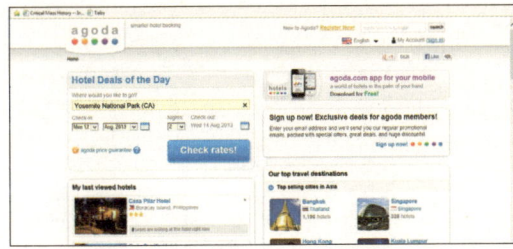

Expedia　http://www.expedia.com

是全球大型网上旅游公司，若同时预订住宿与机票，最多可以省11%。在亚洲出售亚洲航空套装行程，并且提供超过14万家饭店相关信息。若订房后要做更改或取消，此网站不收取费用，但依照各家饭店规定不同则仍需付给饭店费用。

Orbitz　http://www.orbitz.com

是美国著名的网上旅行社，除了提供完整的住宿、机票、租车、邮轮选择，在假期包装上也利用全包式的优势，只要选出出发、目的地城市，就有极具弹性的"机+酒"自由行选择，不限制天数和时间。

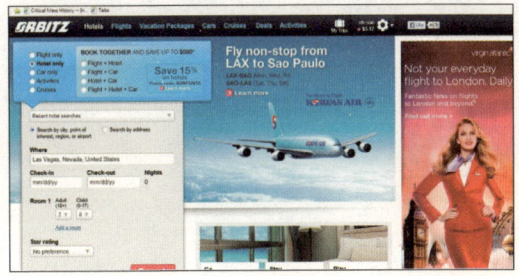

Airbnb　https://zh.airbnb.com

在这个网站中，你可以搜索全世界各地的"房东"，再向他们承租短期或长期的住宿。有些青年旅馆也会在这里发布住宿信息，但大部分为私人经营，类似"到对方家做客"，但须付费。

booking.com　https://www.booking.com

可搜寻全球183个国家的305 197个住宿，不收取预订费，并提供约40种语言和服务，涵盖的旅馆范围较广，从平价到高价都有。若在预订后发现别的订房网站提供更便宜的价格，则可跟客服联系要求以市面最低价格入住。

准备旅费
精打细算旅行支出

一趟美国行,要省钱可不容易,光机票与住宿就得花上好几万块人民币,一个最便宜的三明治人民币几十元。但对于爱血拼、爱冒险的游客而言,仍有捡便宜甚至免费的幸福可以享受,同样能令人感受到在异地的快乐之处。

● 美国的消费水准

美国的消费水准,若包括税金及小费支出,整体来说比中国高,且人民币兑换美金的汇率相对稳定,想要在短时间内赚汇差不容易,但美国仍有比中国便宜许多的消费品可选择。先以交通费来说,旧金山市内公交车单趟为美金2元(约人民币12.2812元),但90分钟内可无限搭乘;纽约的地铁单程票价为美金2.5元(约人民币15.3515元),短远程均一票价。以饮食来说,美国的饮食一餐最便宜约人民币30.5561元,一块咖啡店的马芬约人民币18.3337元,一小杯拿铁约人民币20.3707元,而一盘牛肉炒河粉至少人民币50.9269元。

虽然美国一般生活消费支出较高,价格宛如中国的精品店,但由于部分品牌乃源自美国,比在中国销售的价格低,且Outlet、折扣季时仍有机会抢便宜。好比国人到美国最爱抢购的蔻驰(Coach)、马克·雅可布之马克(Marc by Marc Jacobs)等品牌,在美国的价格比中国便宜,一个Coach的斜背小袋子不到人民币611.1224元,而李维斯(Levi's)一条牛仔裤可用人民币200多元买到。在油价方面,美国油价起伏较大,而各加油站多为私营,所以差价大,一般来说愈靠近大城市的加油站,油价愈贵,目前每3.7公升(一加仑)油价约3.61美元(约人民币21.7967元)。

经济型游客一天费用估算
(以纽约为例)

支出项目	粗估费用(人民币)
早餐(奶油起司贝果)	20.3724元
中餐(熟食店)	48.8938元
晚餐(餐厅)	122.2344元
搭地铁(购买七日无限搭乘券)	183.3517元/7天
一罐可乐	6.1117元
百老汇一场(在时代广场或布鲁克林TKTS票亭抢特价票)	346.3309元
住宿青年旅馆一床费用	305.5861元
累积一天费用	875.6061元

● 认识美国消费方式

流通的纸币面额有100、50、20、10、5、1元6种,硬币则分为25、10、5和1分4种,符号"$"表示美元、"¢"则表示美分。目前人民币约6.1390元可兑换美金1元(2014年9月汇率)。在美国塑胶货币、支票都是常见的付款方式。信用卡目前最为流通的有维萨(VISA)、万事达(Master),部分店家不收运通卡(American Express),有些店家则会要求出示英文证件证明信用卡属实。

购买City Pass

目前发行City Pass的城市和地区，全美只有亚特兰大、波士顿、芝加哥、洛杉矶好莱坞、休斯敦、纽约、费城、旧金山、西雅图和南加州。欲前往这些地区的旅行者，可以上网站"City Pass"（网址：http://www.citypass.com/）查询详细内容，最多可以省至原本票价的50%！对于必去知名观光景点、博物馆、美术馆的人来说是利多。以纽约的City Pass来说，就比原价整整少美金76元（约人民币463.1322元），很适合想在短时间内一网扫尽所有景点的人。

旅行支票用法

若担心带太多现金，又没有信用卡，则可以考虑使用旅行支票。在支票使用率很高的美国，旅行支票也同样等于支票，可以直接在旅馆、餐厅等地点购物时支付，签上名即可消费，也可以找钱，不用先去银行兑换成现金，但一般杂货铺和小店家不一定会收。使用前需记好支票号码，若遗失的话则去当地指定银行补发即可，但若是在补发前已经遭人冒名盗用，则有可能拿不到理赔。

Tip 省钱小妙招

● **去没有购物税的州血拼**

美国部分商品原价也许看起来很划算，但别忘了每件商品多半得加上消费税，唯独俄勒冈州、阿拉斯加、蒙大拿和新罕布什尔州免税，而新泽西州则是衣服商品免税，可说是血拼者省钱的天堂。但这些州非全部的消费品都免税，大部分在旅馆住宿仍会酌收多少不一的税。

● **善用免费日**

以旧金山为例，每个月的第一个周二、周日，部分博物馆、美术馆如现代艺术博物馆（MoMA）、迪扬（De Yong）都免费。而纽约的大都会博物馆（Metropolitan Museum of Art）的入场费是乐捐，虽然博物馆标示建议票价，但仍要看自己当下经济状况决定付费。

● **自己做菜**

若是选择青年旅馆、民宿，有自己的厨房空间，不妨到当地的大卖场、超市、杂货铺或农夫集市，挑选当地特有的蔬果，亲自下厨做料理！在美国一把西洋菠菜约人民币6.0938元、柠檬3颗约人民币6.0938元、一般的葡萄柚2颗人民币6.0938元起价，相较于餐厅的价格来说算很实惠且在农夫集市快结束时去买食材，往往有机会捡到当日出清的便宜水果、蔬菜。

● **多步行**

少数美国城市的步行条件很好，以交通发达的纽约为例，虽然地铁已经四通八达，但短距离搭乘并不划算。曼哈顿岛南区的区域很集中，通常只要搭地铁到某一站，就能步行抵达至少其他两处区域，途中以散步的方式逛每条巷弄，也是很惬意的省钱方法。

● **另类住宿选择**

目前网上兴起类似"到你家做客"，且支付一定费用的住宿形态。例如知名网站"Airbnb"迅速扩展，价格起伏很大，多半不限制入住人数，所以有机会捡到便宜且独一无二的住宿体验；"沙发冲浪"（Couch Surfing）也是许多背包客喜爱的旅行方式之一，借此认识当地人，更有机会了解当地生活形态；想要住长时间的人，则可以了解是否有当地人出远门，可乘机当二房东，以便宜价格租他们的居所。

打包行李

万事俱备 准备出发

美国幅员辽阔，各地依照不同季节、气候的特性，打包的行李也有很大的差异。在美国北方，冬天时零下十几度是家常便饭。而有的地区气温跨度极大，如纽约近年来夏天总是阵阵热浪，到了冬天却可降至零度并下大雪；加州的阳光令人向往，但在无云的湛蓝天空下，有时冷空气可让人直打哆嗦。只要事前了解目的地的状况，打包就不会有太大的问题。

◯ 整理行李的秘诀

1. 把重要文件放在随身携带包里。
2. 把衣物以卷曲的方法压缩。
3. 将瓶瓶罐罐放入收纳包里。
4. 旅游资料可放在行李箱外层的拉链袋里。
5. 把不必要的外观包装拆除。
6. 再次确认所搭班的限重，若超过则可把部分重量移到随身行李。
7. 挤掉旅行包内的气体，节省使用空间。

◯ 不能携带的物品

飞机上绝对禁止携带任何压缩气体，尤其是防身喷雾器、爆炸物、锐利品、易燃物、毒品、仿冒品，若携带超过一万美元现金则要申报。特别注意现在电池（包含运动式电源）不能放入托运行李，必须放入随身携带行李，相关规定可上美国交通安全局网站查询：

http://www.tsa.gov/traveler-information/prohibited-items

◯ 选购行李箱

市面上的旅行箱选择大致分为3种，分别是使用柔软材质的纤维制作的软行李箱、较廉价但略为笨重的尼龙制行李箱，以及外形时尚、材料轻巧、防撞能力强的硬式行李箱，建议购买前要依据旅游行程的规划或是携带的方便与否来选择适合的行李箱。

● 行李托运限重

美国大部分航空公司对亚洲国际航线行李限制为1件私人物品、1件手提行李及2件托运行李。每家航空公司详细条款各有不同，但限制一般为：

- 经济舱：2件托运行李，每件23公斤。
- 商务舱：3件托运行李，每件23公斤。
- 头等舱：3件托运行李，每件23公斤。

此外，如手提行李超过规定（长56厘米×宽36厘米×高23厘米，重23公斤），则需使用托运服务；而超重行李需支付附加费用，每人最多可托运10件行李。

必带物品确认表 （非常必要◎，建议要○，视个人需要△）

	品项	必要度	已准备	备注
贵重物品和证件	护照正件和复印件	◎		确认有效期限是否超过6个月
	打印电子签证	◎		非强迫，但最好打印下来比较保险
	打印住宿资讯	○		若不想打印可抄下地址、电话、交通方式
	当地紧急联络电话	○		一定要查清楚当地紧急救助电话和可联系的人
	打印电子机票	◎		若不想打印可抄下机票号码和往返航班资讯
	信用卡（或国际金融卡）	○		当地刷卡很普遍，若不想携带过多现金仍建议用信用卡，但要注意会酌收海外手续费
	现金（或旅行支票）	◎		建议可换适量的额度
个人衣物	内衣裤	◎		不用带太多件，每日可以清洗
	休闲服装	◎		穿让自己最舒服旅游的衣物
	正式的服装	△		若想走贵妇路线者必备
	好走的鞋子	◎		出外旅行不可不注意的小细节
	保暖衣物	○		若冬天或去高山上必备
	墨镜	△		夏季或去阳光普照的加州可考虑戴
	帽子	△		依照个人情形
私人用品	旅游书籍	◎		一书在手，遇到问题可随时翻阅
	中国礼品	△		若住在青年旅馆，礼品是促进人与人交流的好东西
	盥洗用具	◎		旅馆几乎不提供牙膏、牙刷，建议自行携带
	保养化妆品	△		看个人需求使用
	生理用品	△		视个人状况看是否需要携带
电器类	相机	◎		抓拍精彩画面
	各种充电器	◎		绝对不能忘记的重要物品
	手机	◎		到当地可在电信行购买易付卡
	记忆卡	○		带上以备不时之需
	笔记本电脑	△		若有工作需要才带
	硬盘	△		磁盘容量不够还有硬盘可装
	转换插头	◎		以防住宿地没有提供

出入机场 ……………… 080
美国机场对外交通 ……… 085
美国当地交通工具 ……… 091

符号代表信息
交 交通方式　网 相关网址　时 营业时间　票 参观门票　费 费用
址 地点位置　址 详细地址　电 相关电话　注 备注事项

Chapter 3
快乐出发篇

出入机场

快速通关 Step by step

1 从北京、上海机场出发

中国直飞美国的航班只有从北京首都机场、上海浦东国际机场出发,虽然在美国的抵达地可能不同,但出入关程序却差不多。

Step 1 机场

在飞机起飞至少两小时前抵达机场,预留突发的交通状况时间,并确保自己机位不会被取消,亦可有较多选择机会,例如可向航空公司提出欲划位在靠窗位置等。抵达机场航空公司柜台后,将护照和电子机票复印件交给服务人员,划位后领取登机卡。若发生临时事件,最迟也应于航班起飞前40分钟办理登机,否则可能面临关舱、无法登机的状况。部分航空公司开放旅客办理预先登机和选位的功能,可事先上网查询,以节省时间。

Step 2 行李托运

确认机位后,将行李交给柜台称重并办理托运,接着将行李送上传送带,通过X光检验。此时柜台服务人员会请旅客确认行李件数、公斤数和托运单(会直接粘贴于登机证上),以及运送至传送带上的过程。为避免行李遗失,可在行李箱上挂写有英文姓名、地址的辨识名牌,或是易于辨识、颜色鲜艳的物品,届时出关领取行李时较不易与他人行李混淆。

Step 3 安全检查

进入出境登机入口,送行人员在此时已不可随行。在这里办理安全手续,旅客除了需要将随身物品取下,部分金属用品(如皮带)也需解下一同送入X光检查仪器,部分物品(如超过100毫升的液体、刀剪等尖锐用品等)必须在此丢弃。

Step 4 证照查验

通过安全检查后,接着办理证照查验,面对出入境检查人员须出示护照和登机卡。

Step 5 准备登机

在登机证上会载明登机门,但有时因班机调度也有可能会临时更改,必须随时注意机场信息。在登机前,可趁空当时间逛逛商店,或者使用信用卡或航空公司的会员优惠享受贵宾室的服务,只要在登机卡上指定时间前抵达登机门即可。

Chapter3 快乐出发篇

2 | 第三地转机

情况一：第三国转机

Step 1 确认班机登机口

北京首都机场办理登机手续（check in）时，先确定行李会挂到的目的地或转机处，一般若在第三国转机，行李会直接挂到美国的转机处或目的地。因此转机时，下飞机后首先要确认的是登机口，可前往屏幕上对照班机时间、航班号码查看。

Step 2 前往转机行李查验闸口

接着前往国际转机线出发口（International Connecting Flights），再做一次仔细的随身行李查验。

Step 3 前往所属航站楼及登机口

有时会遇到需要以机场电车连接各航站楼的机场，此时比对登机证上的航站楼(Terminal)前往，并寻找登机口。

Step 4 登机

确认登机口没有临时更换，就可以放心等待登机。

Tip 特别提醒

如果有转机国的签证，或转机国给予中国护照免签的待遇，可在时间容许下，带上护照、登机证出境一游。例如在日本的成田或羽田机场转机，可在填写旅客入境表格、海关申报表后，出关搭乘成田的京成电铁或羽田的京急线电铁前往市区，也可在机场附近的超市或航站楼内的商店采购；若在韩国仁川机场转机，也可考虑到首尔市区逛一逛但要注意登机时间，最好在下一航班起飞前2小时回到机场，才有充裕的时间进行安检并登机。

081

情况二：美国当地转机

Step 1 出境

若在美国境内转机，因被视为搭乘国内线，所以必须在转机点过海关出境。
（参考 p.083 抵达美国）

Step 2 提取行李

出关后须提取行李，并且前往转机通道，将之放在写有"转机行李轮盘"（Connecting Baggage Desk）的托运行李输送带上，也就是必须再重复提取行李并将之托运的手续。

Step 3 前往所属航站楼及登机口

由于在北京出发时就会拿到登机证，所以此时不用再办理登机手续（check in）一次，但仍需至大屏幕查询航站楼、登机口和时间，由于此阶段形同搭乘美国国内线飞机，所以得再走一次出关手续流程。
（参考 p.084 离开美国 Step3 ~ Step6）

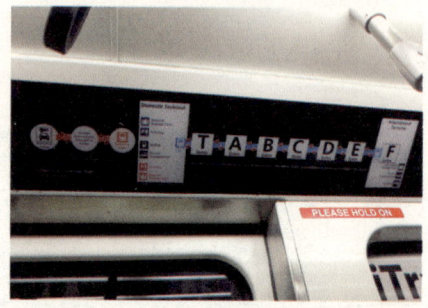

Step 4 登机

再次确认登机口没有临时更换，就可以放心等待登机，若有问题可洽机场内的航空公司柜台。

Tip 特别提醒

美国国内线班机误点、临时不飞、售票超出限额、变更航班时间时有所闻，因此转机时间至少须2小时才较充裕，并且要有在转机点过夜的心理准备。建议事前再三上网确认班机时间是否有变更。若造成旅行上的损失，可向所属航空公司据理力争。

Chapter3 快乐出发篇

3 抵达美国

入境通关

Step 1 填写入境申请表、旅客海关申报单

在飞机上或于等候入境通关时填写空服员所发的海关申报单 (Custom Declaration)，每位需填申报单，同一家庭由一名代表填单即可。

由海、空入境美国的非美国公民或美国永久居民，不需再填写I-94表（旅客申报表），但由陆路入境者仍需填此表。

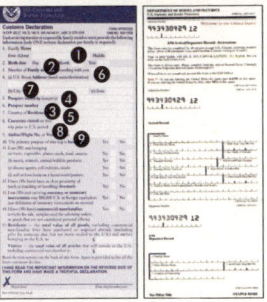

入境卡

旅客海关申报单这样写
① Name（姓名）
② Date of Birth（出生日期）
③ Passport Number（护照号码）
④ Passport issued by（country）[护照发照（国家）]
⑤ Country of Residence（居住国家）
⑥ Number of family members traveling with you
（与你同行的家庭成员人数）
⑦ U.S. Address（在美地址）
⑧ Countries visited on this trip prior to U.S. arrival
（到美国前造访过的国家）
⑨ Airline/Flight No（航空公司／航班号）

然后要回答：
1. 此次旅程的主要目的是商务？
2. 我／我们是否携带水果、植物、肉类、食品、土壤、鸟类、蜗牛及其他动物和农产品？或我／我们曾到过美国以外的农村或牧场？
3. 我／我们携带价值超过一万美金或相当于一万美金的货币或票据？
4. 我／我们是否携带了商品？（贩卖之商品、订购之样本等任何非属私人之物品）
5. 我／我们境外购买或获得并带入美国所有物品总价值为？（参看背面的商品项目，访客只需申报礼品价值）

最后，在表格最下方填上日期和签名。
背面： 若携带了需申报的物品，需列出物品清单与价值。

Step 2 入境审查

向海关人员出示海关申报单及护照，根据指示将两手拇指及四指并拢置放于指纹辨识器上，并进行脸孔辨识相片拍摄（拍摄相片之前需取下眼镜）。海关有时会询问来美目的、停留时间、住宿地点等问题，如实回答即可。

Step 3 领取行李

通过入境审查后，在机场看板屏幕上查找自己的班机号码与行李领取转台号码，并依照指示标志前往"行李领取区"（baggage claim）等候托运行李。

Step 4 交旅客海关申报单后入境

领到托运行李后，即可依指示标志离开机场，入境前将海关申报单交予检查人员。

> **Tip 特别提醒**
>
> 前往美国观光者需持回程机票，若只持单程机票，到海关处可能会以有非法移民意图而被原机遣返。若在填写美国住址时，写朋友、亲戚家的住址，海关也会特别仔细询问和对方的关系。入境后绝对要在海关给予的停留天数内出境，有些人以为从陆路出境至加拿大、墨西哥后再入境美国，就可以再享有额外的30天停留时间，这绝对是错误的想法。若已超过可停留美国的时间，海关绝对不会放行，并且会留下记录，不利日后再进入美国旅游。

4 离开美国

Step 1 办理登机手续

至所属航空公司柜台办理登机手续，确认行李是否直挂回中国，以及整趟航程的登机证是否在手。部分航空公司已自动化，旅客须自行操作机器办理登机手续，输入航班号码、护照姓名，或是当初消费使用的信用卡、护照等，若有疑问仍可向该航空公司请求协助。

Step 2 托运行李

若没有托运行李，可以使用机器自行办理登机手续；若有行李则须按照传统至人工柜台的方式称重、进行托运。建议去机场前就先整理好行李。若超重则须支付超重费用。

Step 3 证照查验

在美国出关时不用再过一次海关，只要在进入安全检查大厅前排队，将护照、登机证提交给站在出入口的海关人员，检查后即可通行。

Step 4 安全检查

在美国要过安全检查这一关，需要特别注意除了不能带违禁品、100ml 以上的液体外，过 X 光机前要将外套、鞋子脱下放到输送带上，笔记本电脑也需拿出来单独过输送带。现在美国机场的 X 光机会将人的身形在屏幕上表露无遗，通过 X 光机时要将双手打开在头顶上交叉。过 X 光机后就会有安检人员触碰旅客身体，检查是否偷带违禁物品，此举虽有争议但仍在实行中。

Step 5 逛免税商店

由于美国只有俄勒冈、蒙大拿、特拉华和新罕布什尔州免购物税，也只有得州和路易斯安那州可以退部分的税，其他的州都课征购物税，因此可以花时间逛逛美国机场的免税商店。

Step 6 登机

再次确认登机时间，前往该登机口等待地勤人员广播。

美国机场对外交通

机场通往市区的实用指南

对于第一次前往美国自助旅行的游客而言，闻名全世界的城市是旅游首选。以纽约为例，光机场就有JFK（肯尼迪国际机场）、LGA（拉瓜迪亚机场）和EWR（纽瓦克自由国际机场）三座，对外连接交通也大不相同。我们以最繁忙的JFK以及美国其他重点城市的机场对外交通为例说明从机场进入美国的情况，让你踏进美国的第一步无往不利。

肯尼迪国际机场JFK→纽约市区

肯尼迪国际机场（Kennedy International Airport, JFK）位于纽约皇后区（Queens）牙买加湾，离观光重镇曼哈顿下城（Downtown）约19公里，是世界最大的机场之一。前身是IDL机场，因应纽约愈来愈庞大的航空运输量，到了1948年正式启动商业性航班起降，由纽约与新泽西港口事务管理局（Port Authority of New York and New Jersey）经营。目前同时间有超过70个航空公司共7个航站楼在此运作，也是各大航空公司在美国重要的枢纽机场之一，通过肯尼迪国际机场捷运（AirTrain JFK）连接各航站楼与对外交通。

机场设有7个经营中的航站楼，共有151个登机口、4条飞机起降跑道。航站楼以"U"形围绕停车场、商业建筑物等其他设施。第一航站楼主要为巨无霸客机使用，各个航站楼各有归属的航空公司使用处理国际、洲际航班。每年约有4 100万人次乘客使用此机场。

DATA 址 JFKExpy & S Cargo Rd, Jamaica, NY 11430 USA
电 (1)718-244-4444　网 http://www.panynj.gov/airports/jfk.html

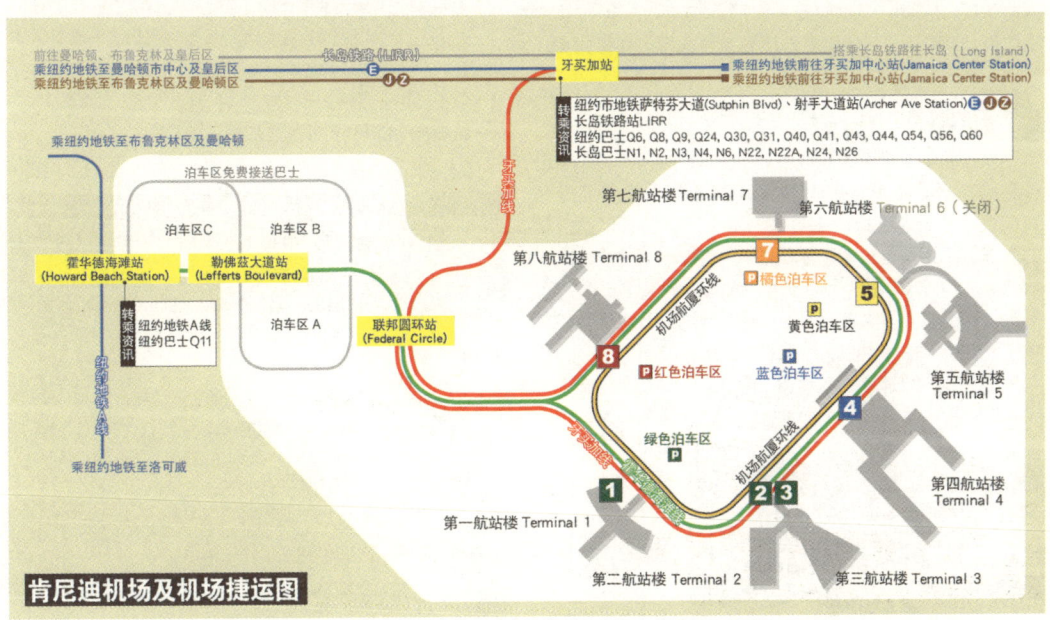

肯尼迪机场及机场捷运图

肯尼迪国际机场捷运 AirTrain JFK

连接各航站楼的肯尼迪国际机场捷运,共有10站,24小时运作,营运地区从机场延伸至皇后区,共有三条路线——航站环绕线、牙买加站线(Jamaica Station)和霍华德海滩线(Howard Beach),其中航站环绕线按顺时针停靠第一、第二和第三、第四、第五和第六、第七、第八航站楼,以及机场旅馆、停车场、餐厅和租车处等,共有6站,绕一圈费时10分钟,在航站楼内可免费使用机场捷运。但若搭到可连接对外交通的牙买加站、霍华德海滩站,就必须在出站前使用购票机,支付美金5元以及1元新卡费购买车票(Metro Card)后方可出站,5岁以下儿童皆免费,单程约费时20分钟。

由于机场捷运连接纽约地铁和长岛铁路,所以出站后就可以使用原车票(Metro Card)购买前往市区的纽约地铁或长岛铁路(LIRR)车票。纽约地铁车票不限距离为单程2.5美元,长岛铁路票价则视距离各异。搭乘机场捷运抵达牙买加站2楼出站后,即可购买车票于1楼进入纽约地铁站连接地铁E、J和Z线及LIRR;若是抵达霍华德海滩站,则可搭乘连接纽约地铁A线的列车。两条线都会连接到设有租车公司、巴士站的联邦广场站(Federal Circle)。纽约地铁同为24小时全天候营运,所以若是半夜才到机场也不用担心。

机场接驳巴士 NYC Airporter

每个航站楼外皆有机场接驳巴士,每30分钟一班,单趟为美金16元,往来机场航站楼及中央车站(Grand Central Station)和宾州车站航站楼(Penn Station),可先上网买票(www.NYCAirporter.com)。

纽约地铁 New York City Subway

机场捷运连接纽约地铁,所以出站后就可以使用原车票(Metro Card)购买前往市区的纽约地铁车票,不限距离为单程2.5美元、7日券无限搭乘为30美元、30日无限搭乘为112美元,可依照旅游规划各自选择最划算的券。

出租车 Taxi

从纽约机场搭乘出租车往外交通均有定价,从JFK前往曼哈顿出租车费为52元美金,但不包括小费及过路费,仅半小时即可抵达曼哈顿,是离开机场最迅速快捷的方法。但至其他地区则依旧按表计价,美金3元起跳,16:00~20:00搭乘会另收美金1元高峰时刻费,20:00至隔天06:00会另收美金50分,纽约州税50分也会包含在车费里。在纽约不少华人会使用中文叫租车服务,价格比出租车便宜,可上网搜寻"纽约叫租车"比价,价格约单趟美金30元。

巴士 Bus

搭乘机场捷运至牙买加站、霍华德海滩站可连接Q6、Q8和Q9等公交车,要查询各公交车路线图可上MTA网站地图网站(http://www.mta.info/maps/)点击该区即可。每辆车的英文编号各代表主要营运范围,M为曼哈顿区,B为布鲁克林区,Q为皇后区,Bx为布朗克斯区,而S为斯塔滕岛。纽约巴士不找钱,一般巴士单程为2.5美元,快速直达巴士则为6美元。一般若乘客使用地铁7日券,则同样可7天内无限搭乘一般巴士,较为便利。另外有3条巴士线Q10、Q3和B15直接从机场第5/6航站楼出发。

出租车价目表(2013年6月)		
目的地		价格范围
机场航站楼间		$4-$14
至布朗克斯区(Bronx)	Co-op City	$52-$57
	The Hub(149th & 3rd Ave.)	$48-$53
	Riverdale	$63-$68
至布鲁克林区(Brooklyn)	Downtown	$59-$64
	Coney Island	$42-$47
至皇后区(Queens)	Citi Field	$28-$33
	Main St. & 60th Ave.	$24-$29
至斯塔滕岛(Staten Island)	New Dorp Lane	$67-$72
	Victory Boulevard	$74-$79
To LaGuardia Airport		$34-$39
To Newark Liberty International Airport		$97-$102(+$17.50额外费用)
至曼哈顿岛(Manhattan)		$52

Chapter3 快乐出发篇

洛杉矶国际机场 LAX → 洛杉矶市区

洛杉矶国际机场（Los Angeles International Airport, LAX）就位于洛杉矶的旅游区内，距离市中心（Downtown）约24公里，是加州第一、全美国第二繁忙的机场，最主要使用的航空公司为联合航空，旅客流量最大。洛杉矶国际机场也是美国重要的转运枢纽，可连接69处国际线其他目的地，以及87处美国境内机场，共有9座航站楼，连接成马蹄形，中间有接驳公交车往来各航站楼。除了可以在这里搭飞机，附近靠近24号跑道的草地是绝佳欣赏飞机地点。

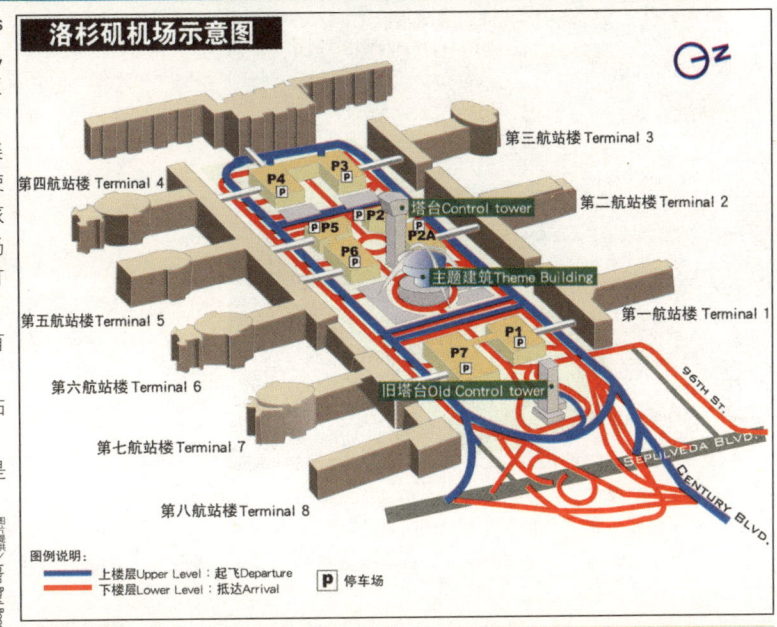

洛杉矶机场示意图

图例说明：
- 上楼层 Upper Level：起飞 Departure
- 下楼层 Lower Level：抵达 Arrival
- P 停车场

DATA 址 1 World Way Los Angeles, CA 90045, United States 电 (1)310-646-5252 网 http://www.lawa.org/welcomelax.aspx

🚌 巴士 LAX Flyaway

由于没有捷运直通LAX，巴士就成了LAX对外交通的重要工具，每一个航站楼的1楼可看见绿色的巴士标志。坐上巴士后选择要前往的地区——联合车站（Union Station）、凡内斯（Van Nuys）、西好莱坞（Westwood）或拉布雷（La Brea），票价分别为单趟美金8元、7元、10元和6元，现场不接受现金，只能用信用卡或金融卡付款。部分航空公司可在回程到机场时于巴士上办登机手续，但需缴交美金5元。

🚕 出租车 Taxi

在航站楼1楼随着黄色标志即可找到出租车站，共有9家公司的出租车允许进入机场。在洛杉矶出租车美金4元起跳，从LAX至市中心（Downtown）约46美金、至西好莱坞（West Hollywood）约55美金、至诺沃克（Norwalk）约49美金。想要先了解出租车可能的收费，可上网进入"Taxi Fare Finder"（http://www.taxifarefinder.com/main.php?city=LA）查询。

🚐 接驳车 Shuttle

在洛杉矶主要经营接驳车的公司有"Prime Time Shuttle"和"Super Shuttle"两家，上车地点为各航站楼的1楼，依照指示"Share Ride vans"前进，一人约美金26元起跳。另外机场也提供免费的接驳车，依循蓝色的接驳车标志，至转接更多公交车的LAX Parking Lot C，至地铁站Metro Rail Green Line或LAX City Bus Center，在此可连接公交车至Culver City、Santa Monica和Torrance Transit。

🚗 租车 Rental Car

出口为405号高速公路Century大道，入口为105号高速公路Sepulveda大道。约有40家租车公司在LAX机场设点，多数租车公司在行李提领处提供电话号码，希望旅客可以致电要求租车公司派免费接驳车至航站楼接人至租车处。在洛杉矶租车是最便捷的交通工具，但也得面对无时无刻堵塞的交通。

087

旧金山国际机场→旧金山市区

原本这块土地是一片牧场，1927年时启用成为机场至今，位于旧金山市南方约21公里处，是旧金山湾区主要使用的机场，同时也是加州第二多旅客使用、全世界第23大的机场，为联合航空西海岸的主要枢纽机场之一。共有4座航站楼，分别是第一、二、三和国际航站楼，并且各有A至G的登机段，其中国际航站楼负责主要国际航线，其余则皆为国内航线。

对外交通网络相当发达，开车前往的旅客可以从101号公路进入机场；搭乘公共交通运输工具的旅客则可以使用湾区捷运（BART）前往旧金山（San Francisco）、戴利城（Daly City）、东湾（East Bay）等主要城市，或搭湾区捷运至密尔布瑞站（Millbrae）转搭加州通勤火车（Caltrain）前往硅谷所在地南湾（South Bay），是交通上十分便捷的机场。

第二航站楼经过改建于近年重新启用，候机室被评为非常绿色的候机室，设有瑜伽室、装置艺术及出售当地品牌货品的商店，并且增加多处自来水装水站。其中瑜伽室位于2楼候机室，备有瑜伽垫，同时可容纳约5人共享这个空间。此航站楼被美国绿色建筑委员会授予"领导能源与环境建筑设计"（Leadership in Energy and Environmental Design, LEED）金牌奖项。

DATA 址 780 S Airport Blvd, San Francisco, CA 94128　电 (1)650-821-5000
网 http://www.flysfo.com/web/page/index.jsp

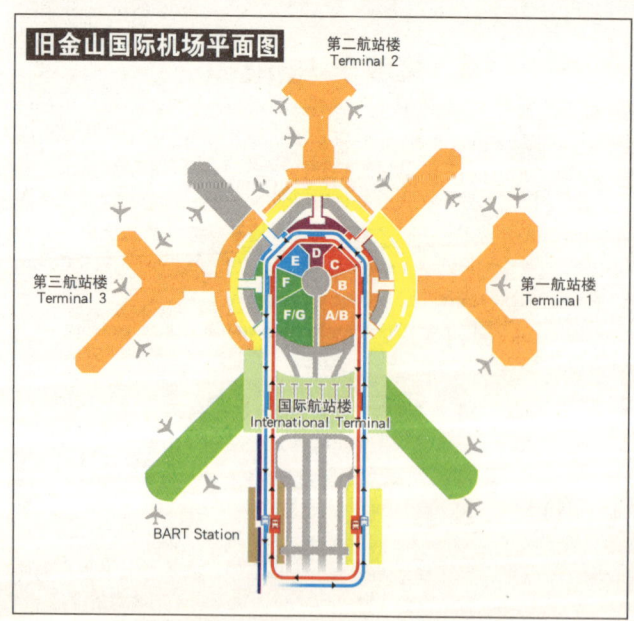

Chapter 3 快乐出发篇

🟢 巴士 SamTrans Public Bus Service

巴士系统山姆公共巴士服务（SamTrans Public Bus Service），提供前往旧金山、南边别处城市如San Mateo County、Palo Alto的乘客搭乘，24小时都有，可以在第二、第三和国际航站楼搭乘，路线为KX 292、KX397等。欲了解公交车路线图可上官网查询（http://www.samtrans.com）。

🟢 接驳车 Shared-ride vans

可以先上网预订接驳车，下飞机后依循"共乘接驳车"（Shared-ride vans）标志前进，越过分隔岛就可看见数家公司提供的接驳车。在旧金山主要经营接驳车的公司有两家——"Airport Express"、"Super Shuttle"，至乘车处寻找手拿对讲机、穿该公司背心的人员询问发车时间。通常一车可载7人，人凑满了就会开车，一人约美金17元起价，上车或下车时付给司机即可。若司机帮忙提行李，则要付小费至少美金1元。

🟢 租车 Rental Car Center

可以搭乘机场捷运（AirTrain）至租车中心（Rental Car Center）。旅客可由101号美国国道的旧金山国际机场专用交流道直接进入机场。至机场北方的380号州际公路湾区与其他高速公路连接。这里要注意租车前换好国际驾照，并且携带信用卡，因为租车公司担心万一发生意外产生费用无法收取，若没有信用卡可能导致无法租车。

🟢 出租车 Taxi

在出境大厅外可以随着"Taxi"标志找到出租车站。在旧金山出租车美金3.1元起跳，从旧金山国际（SFO）至旧金山美金40~60元，可接受现金或信用卡，上限4名乘客。想要先了解出租车可能的收费，可上网"Taxi Fare Finder"（http://www.taxifarefinder.com/main.php?city=SF）查询。

🟢 湾区捷运 BART

可至旧金山、东湾等区域的湾区捷运（BART），坐落于国际航站楼的起飞（Departure）楼层，可搭乘机场捷运至G口换乘。若要至半岛及南湾，则可以搭乘湾区捷运至密尔布瑞站（Millbrae）再转搭加州通勤铁路（Caltrain）前往所在地。湾区捷运的购票系统有点复杂，乘客须先在购票处查询前往地区的票价，投入等值或大于票面的现金，接着按"加"（add）或"减"（minus）让屏幕上的数字金额等于票价，就可以进行结账。若结账金额大于票面价格，则票可以回收并存有剩余金额继续使用。

奥黑尔国际机场ORD→芝加哥市区

距离芝加哥最近的机场为奥黑尔国际机场（O'Hare International Airport, ORD），它是世界上客流量最大的机场之一，距离市区约27公里，目前有6条起降跑道、4座航站楼、537处登机口，每天有超过2 000次班机起降。航站楼间靠机场捷运（Airport Transit System, ATS）连接，对外交通可以搭乘地铁或租车，对于自助旅行者而言，提供很便利的公共运输系统。

DATA 10000 West O'Hare Avenue Chicago, IL 60666　(1)773-686-2200　http://www.flychicago.com/OHare/EN/Home/default.aspx

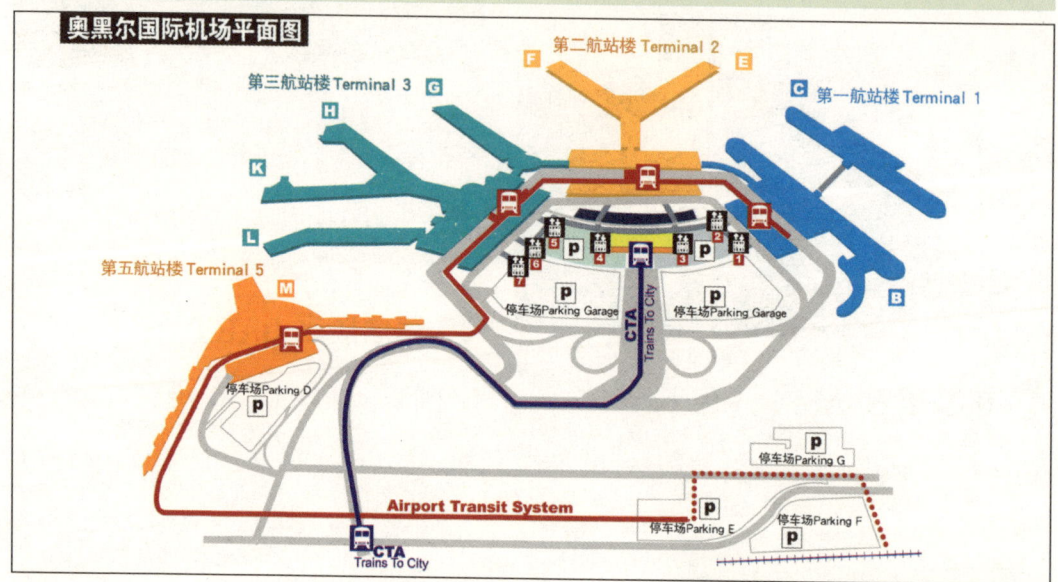

🚌 巴士 Pace Bus

奥黑尔机场提供巴士服务（Pace Bus），成人单程票价为美金1.75元，有前往芝加哥的250、330号公交车。欲了解公交车路线图可上官网查询（http://www.pacebus.com/pdf/RTA_System_map.pdf）。

🚇 地铁 CTA

在机场可搭乘芝加哥捷运系统（CTA）至芝加哥市中心，单程票价为美金2.25元，出售1日、3日与7日券，约50分钟即可抵达市中心。车票除了可以使用机器员外，机场内的便利商店Wallgreen、CVS、Dominick等皆可以购买。

🚕 出租车 Taxi

在航站楼1楼即可找到出租车站，从机场至芝加哥市中心约美金40元。想要先了解出租车可能的收费，可上网"Taxi Fare Finder"（http://www.taxifarefinder.com/main.php?city=Chicago）查询。

Tip 谨记几个英文单词，进出各地机场都难不倒你

中文	英文
航站楼	Terminal
地面运输	Ground Transportation
楼层	Level
服务台	Information Center
转运	Connection
提领行李	Baggage Claim
出境大厅	Arrivals Lobby
行李推车	Carts

美国当地交通工具

善用交通工具闯天下

在美国最方便的旅行方式是开车，但对于不熟悉美国路况、不会开车的自助旅行者来说，想要好好玩一趟美国，仍可以搭乘火车贯穿美国东、西部，到了主要城市再乘公交车或地铁行进。喜欢悠哉的人们则可以租一整天自行车，慢慢地踏寻城市每个角落，用不同的速度与方式度过在美国的每一天。

1 铁路

贯穿美国东、西部的美国国铁（**Amtrak**）目前在全国共**46**州间行驶，只有拉斯维加斯、夏威夷、怀俄明和南达科他州没有服务。共有**30**多条路线、**500**多个停靠站，每一条路线都有归属的名字，并且名字都跟当地沿途景致特色有关。多半国铁的用途是观光，所有路线都以芝加哥为交会点，就像是飞机一样并不是每天都有列车行驶，但在东岸的华盛顿哥伦比亚特区、纽约、芝加哥一带往返较为频繁，光东北地带的乘客量就居总流量的**1/3**。

如何运用美国国铁旅游

若在美国的停留时间够长，搭火车旅游会是另一种不同风情。首先可以先上美国国铁网站（http://www.amtrak.com/home）查询主要路线，依据主要路线停靠的点做规划，并且查询其班次与时间，了解各个点可以灵活停留的天数，以及是否要在停靠点转搭其他公共运输工具或**租车**，决定后就可以先行在中国上网买票。购买时选择电子车票（**e-Ticket**），就可以**持电子车票**直接上车，另外两种领票方式为至车站售票机输入信用卡及订位代号的**Quik-Trak**，以及**持**以上两样证明至售票窗口服务人员领票的**Ticket agent**，由于不一定每个国铁火车站都有服务人员，因此建议直接在家就列印好比较方便。

美国幅员广大，有时光要抵达火车站就不是件容易的事，因此美铁也提供巴士接驳服务，在买票时就可设定上车地点，在选购票价时的时刻表，会列出是否提供巴士接驳以及上车地点，方便从重点城市欲搭乘国铁的旅客。美国国铁的车票只有分车厢等级，没有特别划位，若须要上车补票，则需付出比平常较高的价格，建议出发前做详细规划，一般来说愈早买票愈可享优惠的票价，游戏规则与搭飞机类似。除了美国国铁，在加州的加州火车（**Caltrain**）也被视为长途火车，但多为当地人通勤使用。

美国火车的车厢分类

美国国铁皆为长途路线，车厢分头等舱（First Class）、商务舱（Business Class）和普通舱（Coach），一排有四个座位，另外还有卧铺提供给需要的旅客，并且附有卫浴设备。选择搭乘头等舱和商务舱的旅客，还可以享受免费的小点心和咖啡。头等舱旅客还有布置成餐厅样貌的餐车可享用美食。

套票分类

除了可个别买单程或来回的车票，美铁另外提供三种天数的套票。

天数	搭乘次数	价格（美金）
15	8	439
30	12	669
45	18	859

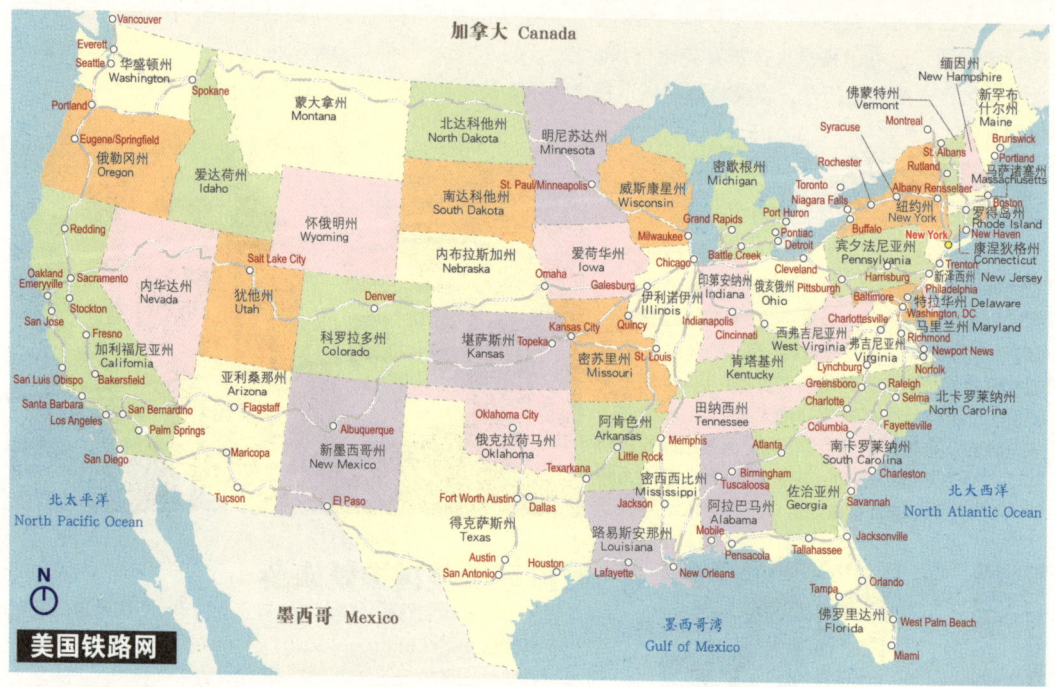

美国铁路网

美国国铁的主要路线及列车名称

路线	主要停靠城市	地区
阿西乐特快（Acela Express）	波士顿（Boston）—纽黑文（New Haven）—纽约（New York）—费城（Philadelphia）—巴尔的摩（Baltimore）—华盛顿哥伦比亚特区（Washington, DC）	东北
阿迪朗达克（Adirondack）	加拿大蒙特利尔（Montreal）—奥尔巴尼（Albany）—纽约（New York）	东北
美铁卡斯卡德（Amtrak Cascades）	加拿大温哥华（Vancouver）—西雅图（Seattle）—塔科马（Tacoma）—波特兰（Portland）—塞勒姆（Salem）—尤金（Eugene）	西北
自动列车（Auto Train）	洛顿（Lorton）—靠近奥兰多的桑福德（Sanford）	东北/南
加州和风（California Zephy）	芝加哥（Chicago）—丹佛（Denver）—格伦伍德泉（Glenwood Springs）—可从旧金山搭美铁巴士抵达的爱莫利维尔（Emeryville）	西/中西/加州
国会走廊（Capitol Corridor）	奥本（Auburn）—沙加缅度（Sacramento）—爱莫利维尔（Emeryville）—奥克兰（Oakland）—圣荷西（San Jose）	加州
国会公司（Capitol Limited）	华盛顿哥伦比亚特区（Washington, DC）—匹兹堡（Pittsburgh）—克利夫兰（Cleveland）—芝加哥（Chicago）	中西/东北

Chapter3 快乐出发篇

路线	主要停靠城市	地区
红衣主教 / 印第安纳州（Cardinal / Hoosier State）	纽约（New York）—华盛顿哥伦比亚特区（Washington, DC）—辛辛那提（Cincinnati）—印第安纳波利斯（Indianapolis）—芝加哥（Chicago）	中西 / 东北
卡罗莱纳 / 皮埃蒙特（Carolinian / Piedmont）	纽约（New York）—罗利（Raleigh）—夏洛特（Charlotte）	南 / 东北
新奥尔良市（City of New Orleans）	芝加哥（Chicago）—孟斐斯（Memphis）—新奥尔良（New Orleans）	中西 / 南
星光海岸（Coast Starlight）	西雅图（Seattle）—波特兰（Portland）—洛杉矶（Los Angeles）	西 / 西北 / 加州
新月（Crescent）	纽约（New York）—亚特兰大（Atlanta）—新奥尔良（New Orleans）	东北 / 南
下东（Downeaster）	布伦瑞克（Brunswick）—波特兰（Portland）—波士顿（Boston）	东北
帝国建造者（Empire Builder）	芝加哥（Chicago）—圣保罗 / 明尼阿波利斯（St. Paul/Minneapolis）—密尔瓦基（Milwaukee）—斯波坎（Spokane）—波特兰 / 西雅图（Portland/Seattle）	西 / 中西 / 西北
帝国服务（Empire Service）	纽约（New York）—奥尔巴尼（Albany）—雪城（Syracuse）—罗彻斯特（Rochester）—水牛城（Buffalo）—尼亚加拉大瀑布（Niagara Falls）	东北
伊顿·艾伦特快（Ethan Allen Express）	拉特兰（Rutland）—奥尔巴尼（Albany）—纽约（New York）	东北
心地传单（Heartland Flyer）	俄克拉荷马市（Oklahoma City）—沃斯堡（Fort Worth）	西
海华沙（Hiawatha）	密尔瓦基（Milwaukee）—芝加哥（Chicago）	中西
伊利诺伊服务（Illinois Service）	芝加哥（Chicago）—昆西（Quincy）/ 圣路易斯（St.Louis）/ 卡本代尔（Carbondale）	中西
主石（Keystone）	纽约（New York）—费城（Philadelphia）—哈里斯堡（Harrisburg）	东北
湖畔有限公司（Lake Shore Limited）	纽约 / 波士顿（New York/Boston）—奥尔巴尼（Albany）—芝加哥（Chicago）	中西 / 东北
枫叶（Maple Leaf）	加拿大多伦多（Toronto）—尼亚加拉大瀑布（Niagara Falls）—纽约（New York）	东北
密歇根服务（Michigan Services）	芝加哥（Chicago）—大急流 / 东兰辛（Grand Rapids/East Lansing）—休伦港 / 底特律（Port Huron/Detroit）—庞蒂亚克（Pontiac）	中西
密苏里河岸跑者（Missouri River Runner）	圣路易斯（St. Louis）—堪萨斯市（Kansas City）	中西
东北地区（Northeast Regional）	波士顿（Boston）—普罗维斯登 / 春地（Providence / Springfield）—哈德福特（Hartford）—纽约（New York）—华盛顿哥伦比亚特区（Washington, DC）—林奇堡（Lynchburg）—瑞奇蒙（Richmond）—彼得堡（Petersburg）—弗福克 / 纽波特纽斯（Norfolk / Newport News）—弗吉尼亚海滩（Virginia Beach）	东北 / 南
太平洋冲浪线（Pacific Surfliner）	圣路易斯奥比斯波（San Luis Obispo）—圣塔芭芭拉（Santa Barbara）—洛杉矶（Los Angeles）—圣地亚哥（San Diego）	加州
宾夕法尼亚（Pennsylvanian）	纽约（New York）—匹兹堡（Pittsburgh）	东北
圣华金（San Joaquin）	旧金山湾区 / 沙加缅度（San Francisco Bay Area/Sacramento）—贝克斯菲尔德 / 南加州（Bakersfield/Southern California）	加州
银色服务 / 蒲葵（Silver Service / Palmetto）	纽约（New York）—华盛顿哥伦比亚特区（Washington, DC）—查理斯顿（Charleston）—萨凡纳（Savannah）—杰克逊维尔（Jacksonville）—奥兰多（Orlando）—坦帕 / 迈阿密（Tampa/Miami）	南 / 东北
西南首席（Southwest Chief）	芝加哥（Chicago）—阿布奎基（Albuquerque）—洛杉矶（Los Angeles）	West 中西 / 加州
日落有限公司（Sunset Limited）	新奥尔良（New Orleans）—圣安东尼奥（San Antonio）—洛杉矶（Los Angeles）	西 / 南 / 加州
得州老鹰（Texas Eagle）	芝加哥（Chicago）—圣路易斯（St. Louis）—达拉斯（Dallas）—圣安东尼奥（San Antonio）—洛杉矶（Los Angeles）	西 / 中西 / 南加州
佛蒙特（Vermonter）	圣阿尔班斯（St. Albans）—伯灵顿（Burlington）—春地（Springfield）—纽约（New York）—华盛顿哥伦比亚特区（Washington, DC）	东北

2 | 国内班机

从美国西海岸搭乘直飞班机到东海岸约5小时。想节省时间的旅行者多利用美国国内线班机，在中国就先买好不同地点进出的国际线机票，或买相同地点进出的国际线机票，再购买美国当地机票，机动性较高。

如何使用国内班机旅游

可使用美籍航空公司的网站订购国内班机机票，用信用卡付款，或是至各大美国网络旅行社如Orbitz、Expedia订购国内班机机票，在这些网站购买美国单程机票，通常价格就是来回票的一半。但要注意购买美国国内线航班机票，只要改期就得付约美金100元的手续费，并且在网络旅行社购买的机票退票非常不便，客服电话可能要等半小时才会接通，接通后也是例行公事式的回答，强烈建议确定行程后就不要更改以免徒生烦恼。

搭乘国内班机旅游注意事项

行李重量

在美国搭乘国内班机，免费托运行李重量不等同国际线，每家航空公司规定不一，大多数航空公司规定托运一件行李就要支付美金25元以上的款项，第二件约美金35元，可携带上飞机的重量多为7公斤，不含手提电脑，以上行李费在柜台办理登机手续时支付即可。谨记在美国每一处细节上都需要花钱就不会觉得复杂了。

使用机器办理登机手续柜台

美国机场很流行自动化，尤其是在搭乘国内线班机时，多半会希望乘客自行使用机器划位系统。旅客只需要准备护照、机票号码或信用卡即可，直接在机器下方刷护照条码，或是输入旅客护照姓名、班机代号，屏幕就会显示欲搭乘的班机，接着打印登机证即可，若需要托运行李的旅客才需要到人工柜台办理。

机上服务

国内线班机的服务与国际线不同，例如机上娱乐设施包括电影在内，大部分都需付费才能观赏，持有信用卡者可输入卡号付款即可观赏。部分航空公司不提供耳机，乘客需要自行购买。除了饮料、花生米等小零食，机上不提供免费餐点，同样需要付费购买。

突发状况

美国国内线班机误点情形非常普遍，强烈建议预定搭乘日前一天就去确认班机时间。又因为托运行李要付费，很多旅客会将所有家当背在身上，造成飞机上置物柜爆满，此时空服人员可能会要求尚未登机的旅客将行李托运，但不用支付额外费用。建议要准备小袋子放置不适合托运的易碎物品，若不愿意则空服人员会要求乘客改搭下一班飞机或在其他时间乘机。在美国机场乘客投诉成功概率不高，多半航空公司态度强硬，只会给总公司电话让乘客自行联络。

3 | 轮船

在美国部分区域搭船是很常见的事，除了观光用的邮轮，也有许多交通运输用的渡轮，方便驾车人直接将车开上渡轮到河、湖或内陆海的对岸。对于旅行者而言，渡轮不仅是运输工具，乘坐其上也是欣赏水面风光的绝佳机会。爱好邮轮者更不能错过美国各种精彩航程。

🌐 著名的邮轮航海旅游路线

加勒比海 Caribbean

前往加勒比海岛屿的邮轮，多在佛罗里达州或路易斯安那州上船办理登轮手续。主要经营此条路线的邮轮公司有Royal Caribbean、Carnival、Norwegian、Celebrity等，各提供不同船型、航程、档次的服务，其中最常见的航程是西加勒比海（West Caribbean），从路易斯安那州的新奥尔良开始，一路航行与停泊在墨西哥、伯利兹（Belize）等度假胜地；东加勒比海（East Caribbean）航程则多带领游客前往加勒比海小岛，如荷属圣马丁（St, Maarten）、维京群岛，以及巴拿马等。近年兴起在邮轮上看音乐节，包括Coachella、Holy Ship音乐节和乐团Weezer都举办从佛罗里达起航，至巴拿马或牙买加的行程，船上还能看国际级乐团、DJ表演，俨然是超豪华船上派对。

图片提供／ATA及阿拉斯加州台湾代表处

阿拉斯加 Alaska

阿拉斯加的邮轮之旅大致可以分两种——阿拉斯加湾（Gulf of Alaska）、内部通道（Inside Passage），主要经营的邮轮公司有Silversea、Princess Cruise、Oceania Cruises等。阿拉斯加湾行程各分往北、往南两种，往南的航程多会以安克雷奇（Anchorage）为起点，航行在哈伯德冰川（Hubbard Glacier），经过冰峡点（Icy Strait Point），最后经过一周航程抵达终点加拿大温哥华（Vancouver）；而往北的行程则相反，停的点也大致相同。

密西西比河 Mississippi River

邮轮不一定只能在海上航行，在美国也有一些航行在河上的行程，通常所费不赀。最主要航行的河流就是密西西比河（Mississippi River），目前市面上主要出售密西比河的Avalon Waterways的美国皇后号（American Queen）游程，可以从芝加哥或纳西维尔（Nashville）上船，在壮阔的密西西比河上感受截然不同的邮轮风情。

夏威夷群岛 Hawaii

在夏威夷旅行，各岛间的主要交通工具是飞机，但也可以搭乘邮轮前往夏威夷。主要经营航行夏威夷邮轮的公司Norwegian，让乘客通过乘坐邮轮一次游览夏威夷主要岛屿，在瓦胡岛游览珍珠港、卡美哈美哈国王雕像，在考爱岛欣赏壮阔的威美亚峡谷、号角喷泉等，还可享受邮轮上的娱乐设施。

开车上渡轮的方法

渡轮服务于过江河海的车辆，自驾游者可以尝试将车开上渡轮渡过江河海，以下是上渡轮的方法。

Step 1 沿着车道停留和行驶在前一辆车后

上船的路线通常都规划得很好，所以不会有插队情形发生。在等待上船的时间可熄火，下车走一走。

Step 2 随工作人员指示进入特定船上车道

可移动时缓缓往前开车，工作人员会用手指示需前往的车道，通常船上有至少三列车道，跟随指示走就不会乱。

Step 3 开到位置后就可以熄火，想下车者记得锁车门。

Step 4 下船如同上船，须听从工作人员指示移动。

Chapter 3 快乐出发篇

4 地铁

全美国地铁网络较便利的地方只有纽约、芝加哥、华盛顿哥伦比亚特区和旧金山,其他地方就算有地铁,也仍需要转搭其他交通工具才能抵达目的地。对于不会开车的旅行者而言,有地铁的城市会成为旅美首选。

如何搭乘地铁(以旧金山Muni系统为例)

Step 1 购买车票
售票机器接受现金、信用卡付款。若在无进出闸口的车站上车,则需至第一节车厢向司机购买车票,只接受现金且无找零。

Step 2 进入站台
通常最容易辨识的方向是选择"inbound"或"outbound",就能知道列车前往的方向。

Step 3 查看列车进站时间
一个站台会有数种不同路线的车进站,因此要确定好欲搭乘的列车编号,这样才不会上错车。

Step 4 进入车厢
车厢也有爱心座,美国爱心座乃联邦规定一定只能给残疾人士、孕妇坐,尤其若遇到坐轮椅的人士一定要让出座位,没有例外。

5 长途巴士

对于不赶时间、想用经济实惠的公路交通旅行的人而言，乘坐长途巴士不失为一种选择。有时巴士公司会推出美金1元车票，可以乘坐巴士用便宜的方法饱览美国各州沿路的美丽风光。

● 主要长途巴士公司

目前网络最密集的长途巴士公司为灰狗巴士（Greyhound），分布于美国与加拿大。但搭乘长途巴士下车后，要如何去观光景点又是一门学问，建议买巴士票时连同连接景点的交通也一并查询。部分城市如洛杉矶的灰狗巴士站治安很差，先对洛杉矶灰狗巴士站的治安调查清楚才不会陷入无处可去的窘境。主要行驶路线在东岸、西岸的加州和内华达州的一元巴士（Mega Bus），不时会推出1元美金票价优惠，也是颇受欢迎的选择。

巴士公司

Greyhound：
www.greyhound.com, (1)800-231-2222

Mega Bus：
http://us.megabus.com/, (1)877-462-6342

Trailways：
www.trailways.com, (1)703-691-3052

Atlantic Coast Trailways：
www.atlanticcoasttrailways.com,
(1)800-548-8584

Capitol Trailways：
www.capitoltrailways.com, (1)800-333-8444

Trailways：
www.pacificcoachways.com, (1)714-892-5000

6 公共汽车

公交车在美国不是最主要的交通工具，虽然大部分的区域没有公交车服务，但少部分城市的公交车网络仍十分发达。若旅行的范畴在主要城市，公交车会是一种可选择的交通工具，在不赶时间的一天搭着公交车游历城市，甚是惬意。

● 哪些城市适合公交车旅游

纽约、旧金山、西雅图、圣地亚哥、盐湖城、圣荷西、波特兰、波士顿、洛杉矶、檀香山和丹佛公共交通运输较为发达，大部分皆有公交车连接电车或其他交通工具，对于不会开车的旅行者来说是利多。这些城市中交通最方便的即是纽约和旧金山，只要事先了解路线，搭公交车旅游一点都不难。

● 如何辨识公交车站牌

美国各地的公交车站牌模样都不一样。以旧金山为例，公交车与地铁皆由"Muni"运作，公交车站通常为透明有屋檐的亭子，亭子旁设有旧金山地图及公交车路线图，部分亭子有跑马灯显示下班公交车抵达时间。但公交车站也有可能只是一根柱子，上头使用黄色油漆漆成一圈以及漆上"Bus"字样，不注意容易错过。在纽约的公交车站则是一根杆子，上头立有蓝色为底的公交车图示，下头左边排列行驶公交车路线名，右边列出前往的主要地区。

● 车票种类

各地的车票因经营系统各异，所以完全不一样，不过通常在该区同系统旗下的公共交通运输工具搭乘可以通用一种车票。以旧金山为例，"Muni"旗下的公交车、电车、轻轨皆可使用同一张车票，90分钟内无限次搭乘，而这种车票可能是一张磁卡或一张写有日期、时间的纸条。在纽约则以"MTZ"卡通用乘坐公交车、地铁，但不适用于快速直达公交车，对旅行者而言十分便利，尤其是使用无限制搭乘卡者。

Chapter3 快乐出发篇

7 出租车

美国每一州的出租车跳表金额皆不同，起跳价格约美金2.5元至4元，目前平均消费最高的是檀香山（火奴鲁鲁）、圣荷西、旧金山、沙加缅度、哈福德等城市。虽然出租车费昂贵，但旅行者使用到出租车的概率并不高，通常在前往机场时较有机会搭乘。

使用上与中国的不同处

在美国搭出租车同样使用跳表，下车时可使用现金或信用卡付款，但要给司机约10%的小费，若因为行李过多而司机上前帮忙提，则要再给美金1元小费。在中国常常有共乘的习惯，例如一群人上一辆出租车，请司机开至不同地点陆续下车，这点在美国有可能会吃司机闭门羹，或是要求多付钱。每一州出租车的颜色都不一样，但车身上都会漆上"Taxi"或"Cab"字样。

●主要城市计程车计价方式表格

城市	起表价（美金）	每公里计费（美金）
檀香山	$3.10	$5.15
旧金山	$3.50	$4.43
洛杉矶	$2.85	$4.35
西雅图	$2.50	$4.35
波士顿	$2.60	$4.51
拉斯维加斯	$3.30	$4.18
纽约	$2.50	$4.02
波特兰	$2.50	$4.02
芝加哥	$4.00	$3.22
华盛顿哥伦比亚特区	$3.00	$3.48

另类的选择

日渐兴起的手机应用软件Sidecar、Lyft、Relay Rides，渐渐颠覆了民众叫车习惯，并且冲击出租车业生态。在旧金山可以见到车头上挂着粉红色八字胡装饰的私家车，往来频繁地在城市穿梭，这就是Lyft的点子之一，他们邀集私家车使用者上他们的App报名成为司机，乘客只要通过App就能叫车到指定位置，不仅有出租车功能，也兼作社交工具之一。

8 单车

在美国也有一些自行车流行城市，例如明尼阿波利斯、波特兰、西雅图、旧金山、丹佛和阿希维尔等，这些地方拥有完善规划的单车道，让汽车和单车各有所属。若到了当地不妨租辆单车游城市，轻松又有机动性。

经典长途单车旅游路线

除了在城市里骑单车旅行，在美国也有几条长途单车旅游路线，让热爱户外运动的单车一族挑战。

名称	路线	公里	难度（5颗星为最高）
泛美路线（TransAmerica Trail）	弗吉尼亚州的亚特兰大海岸→美国本土中心地带→穿越落基山脉→俄勒冈州	6859	★★★★★
太平洋海岸线（Pacific Coast Rout）	华盛顿州与加拿大交界→俄勒冈州→加州最南端圣地亚哥	2982	★★★★
东部海岸绿线（East Coast Greenway）	缅因州的卡利（Calais）→佛罗里达西屿	4828	★★★★★
密西西比河线（Mississippi River Trail）	明尼苏达→新奥尔良	3217	★★★★

在美国骑单车的规矩

部分的州立法规定骑单车要戴安全帽，基本上，要知道当地是否有此规定，看街上单车族的配备就知道了。在美国骑单车得遵守一般开车的规矩，遇到停车标志要停车、礼让行人等，也可以绿灯往左转，要沿着单车道骑。租车时要租锁，停车时可将单车锁在П字形的单车停放格，在此要记住连同前轮、车身一同上锁，因为单车失窃率不低，很多时候轮胎会被偷走。

行程 1：纽约经典完全攻略 5 日游	102
行程 2：洛杉矶好莱坞 6 日游	105
行程 3：佛罗里达州 6 日游	108
行程 4：西雅图与近郊 5 日游	110
行程 5：美国东北部双城 7 日游	112
行程 6：旧金山与近郊 7 日游	115
行程 7：黄金西海岸 10 日游	118
行程 8：五大湖区 10 日游	121
行程 9：夏威夷岛屿风情 5 日游	124
行程 10：横跨美国壮游 14 日游	126

本单元预算金额的标准，请参考第 74 页。每个行程的实际天数不包括搭飞机的时间，"住宿费"以最便宜的青年旅馆为标准每晚一床 50 美金计算，所以若显示为 6 日行程，即以 5 晚计算；"交通费"依照不同类型的玩法，用租车、油钱总计粗估，或是地铁周游券价格计算；"饮食费"、"杂支费"依照各地区不同消费水平，取基本开销做计算，实际支出仍视个人消费习惯、当地状况而有所不同。

Chapter 4
达人行程篇

行程1 纽约经典完全攻略5日游

旅游焦点 >> 东村、格林尼治村、苏活区、金三角区、帝国大厦、时代广场、洛克菲勒中心、布鲁克林大桥、哈林区、切尔西

搭地铁就能畅游的纽约,每一区都各有属于当地的人文、建筑景观,可以区分为曼哈顿岛、布鲁克林区、皇后区、哈林区和布朗克斯区,并以哈德逊河横贯中心,是全世界的时尚、享乐和美食标志性城市,五日游即可领略各大观光景点。

■ 5日行程怎么玩

DAY 1

- Times Square - 42 St 地铁站(步行2分钟)
- 时代广场 Times Square(步行8分钟)
- 第五大道 Fifth Ave(步行25分钟)
- 麦迪逊公园广场 Madison Square Park(步行25分钟)
- 切尔西 Chelsea(搭乘地铁)

　　全世界最知名的景点之一**时代广场**,正位于曼哈顿岛聚集所有标志性景点的**中城区(Midtown)**,是到纽约不容错过的景点。而**帝国大厦(Empire State Building)**、**克莱斯勒大厦(Chrysler Building)**、**纽约公共图书馆(New York Public Library)**、**联合国总部大楼(United Nations Headquarters)**、**洛克菲勒中心(Rockefeller Center)**和**百老汇(Broadway)**都位于中城区这一带,汇集世界顶尖名品的第五大道亦在几步之遥,可途经在圣诞节摇身一变成为溜冰场的**布莱恩公园(Bryant Park)**,或可漫步至**纽约现代艺术博物馆(The Museum of Modern Art, MoMA)**。此时可选择搭地铁至纽约现代艺术博物馆的新馆 **MoMa PS1** 或继续沿着**第五大道**往南走。

　　第五大道高楼林立,名牌精品店与平价服饰店比比皆是,沿着店家很容易就走到位于第五大道、百老汇及23街交汇点的**麦迪逊公园广场**,找个最好的角度欣赏**熨斗大厦(Flatiron Building)**,并且脱离主要道路前往最多雅痞聚集的**切尔西**,欣赏无数艺廊展出的艺术作品,不时会遇见令人惊喜的派对,并且赶在天黑之前到建构在废弃铁道上的新兴景点**高线公园(High Line)**,躺在公园躺椅上晒太阳、眺望**哈德逊河**,随后到**切尔西市场(Chelsea Market)**采购最新鲜的食材,或是找间餐厅大快朵颐。

DAY 2

- York St 地铁站（步行 2 分钟）
- DUMBO（步行 6 分钟）
- 布鲁克林大桥 Brooklyn Bridge（步行 18 分钟）
- 金融区 Financial District（搭乘地铁至 Spring 地铁站）
- 格林尼治村 Greenwich Village（搭乘地铁）

已经成为创意与活力象征的布鲁克林区，近年众多设计、音乐产业据点入驻 **DUMBO** 区（原名"在连接曼哈顿和布鲁克林的桥下"Down Under the Manhattan Brooklyn Bridge Overpass），精品小店也纷纷进驻，可以花时间在该区域漫步，并于**哈德逊河**沿岸远望曼哈顿岛大楼的经典风范，接着走上气势恢宏的**布鲁克林大桥**往**曼哈顿岛**走。若在日落时分走，极有可能见到粉色晚霞，继续前行往左看，可看见**自由女神像（Statue of Liberty）**，而眼前最醒目的建筑是重建后的**世界贸易中心（World Trade Center）**，过桥后即是**华尔街（Wall Street）**的所在地金融区。领略商业气息后，可搭乘地铁至次文化盛行的**格林尼治村**，选间爵士或摇滚酒吧待着，或是逛黑胶唱片行，都甚是惬意。

DAY 3

- 86 St 地铁站（步行 8 分钟）
- 大都会博物馆 Met Museum（步行 2 分钟）
- 古根汉姆博物馆 Guggenheim Museum（步行 4 分钟）
- 中央公园 Central Park（搭乘地铁至中央车站 Grand Central Terminal 站）
- 中央车站 Grand Central（搭乘巴士 M42 至 10 Av 站）
- 地狱厨房区 Hell's Kitchen（搭乘地铁）

往曼哈顿岛中央公园东侧的**上东区（Upper East Side）**前进，足以令人屏息的博物馆错落其间，是极具学术气息的文化中心地带。可以从世界最大博物馆之一的**大都会博物馆**开始，浏览馆内 200 多万件艺术珍品，到屋顶特展旁的酒吧点杯酒，用另一种角度欣赏纽约。若还有时间则可步行到近在咫尺的**古根海姆博物馆**，亲眼端详建筑师著名的螺旋建筑，并到对面的**中央公园**寻找约翰·列侬永远的**草莓园（Strawberry Field）**。搭乘地铁继续欣赏雄伟建筑的旅程，到仿佛令人置身电影场景中的**中央车站**，仰望屋顶上壮观的星象图。接着到外面搭乘东西向贯穿曼哈顿岛的公交车，到**地狱厨房区**的小酒吧小酌。

DAY 4

- 81 St- Museum of Natural History 地铁站（步行 2 分钟）
- 美国自然历史博物馆 American Museum of Nature History（搭乘地铁至 125 St 站）
- 哈林区 Harlem（搭乘地铁至 125 St 站）
- 东村 East Village（搭乘地铁）
- 威廉斯堡 Williamsburg（搭乘地铁）

一早先走进上西区（Upper West Side），到美国自然历史博物馆看恐龙化石标本，你可以在参观橱窗里的标本时，惊觉自己就身处电影《博物馆惊魂夜》的场景中。接着往更北边探险，到下一个观光重点哈林区之前，先在晨边高地区（Morning Heights）的哥伦比亚大学领略学术殿堂的风范。然后鼓起勇气到较不为人熟悉的哈林区（西哈林区较东哈林区安全，不建议旅游者只身去东哈林区），吃一顿非裔美国人最津津乐道的心灵食物，或是忍着不吃去东村时再到 Katz's Delicatessen 大口咬下粗盐腌牛肉三明治。找间酒吧待一下后，直冲布鲁克林区的威廉斯堡续摊，和一整票嬉皮士流连各个风格迥异的酒吧。

DAY 5

- Huston St 地铁站（步行 2 分钟）
- 苏活区 SOHO（步行 20 分钟）
- 中国城 China Town（步行 10 分钟）
- 小意大利 Little Italy（搭乘地铁至 W4 St 站）
- 西村 West Village（步行 20 分钟）
- 肉品加工场区 Meatpacking District（搭乘地铁）

到最生气勃勃的苏活区进行最后的采买，这里精品、生活用品小店聚集，或在纽约最后一天把剩下的美金花在附近由老仓库改建成昂贵精品店、餐厅的金三角区（Tribeca）犒赏自己一顿。若想要再感受纽约种族融合浓烈的气氛，到同样位于下曼哈顿（Lower Manhattan）的中国城和小意大利再适合不过，这里时空仿佛停留在 20 世纪 50 年代，混乱的场景绝对令人刻骨铭心。然后再回到西村，在华盛顿广场公园驻足欣赏街头艺人表演。最后去新兴夜店地带肉品加工场区，碰碰运气看会不会在路上遇见纽约顶尖设计师喧闹。

本行程预算
- 交通费　30美元
- 住宿费　240美元
- 饮食费　150美元
- 杂支费　200美元
- 总计　　620美元

行程 2 洛杉矶好莱坞6日游

旅游焦点 >> 西好莱坞、回声公园、圣塔莫尼卡、威尼斯海滩、比佛利山庄、棕榈泉、圣地亚哥、约书亚树国家公园、环球影城、乐高乐园

仅次于纽约,洛杉矶是全美国第二大城市,若包括邻近卫星城市则可通称大洛杉矶,在这里旅游开车会是最便利的选择。穿梭洛杉矶各景点以行驶高速公路为主,若要离开市区前往加州,往内陆走则可见到荒芜的沙漠景观及奇形怪状的沙漠植物,往南走则会经过圣地亚哥到墨西哥,阳光愈来愈热力四射。

■ 6日行程怎么玩

DAY 1
- 洛杉矶国际机场 LAX(驾车20分钟)
- 圣塔莫尼卡 Santa Monica(驾车3分钟)
- 威尼斯海滩 Venice Beach(驾车20分钟)
- 比佛利山庄 Beverley Hill(驾车10分钟)
- 西好莱坞 West Hollywood(驾车回旅馆)

抵达**洛杉矶国际机场(LAX)**后,在机场内租一辆适合的车上路。先去**圣塔莫尼卡码头(Santa Monica Pier)**边享用一顿美式料理,带孩子在古老的旋转木马上嬉戏,在木制甲板上奔跑,也许会遇到一场冲浪歌手杰克强森(Jack Johnson)为倡导净滩举办的免费演唱会,或沿着**第三大街步行道(Third St Promenade)**及**主街(Main St)**的精品店逛,抵达**艺廊和艺术博物馆(Santa Monica Museum of Art)**,并巧遇不是每天都有的农夫集市。接着开车到不远处的**威尼斯海滩**,参加海滩上俊男靓女云集的排球比赛,在Ocean Front Walk路边欣赏特异人们的妆扮和艺术作品,或钻进巷弄有**威尼斯运河步道(Venice Canal Walk)**的欧风建筑、花草和运河间散步,在椰子树摇曳下感受洛杉矶居民的生活步调。离开稍嫌慵懒的海边,可以直接到以昂贵精品、名人社区著称的**比佛利山庄**,在**Rodeo Drive路**一直逛下去,买杯优格冰激凌边走边吃,观察此地人们的时尚穿着。在沾染一身比佛利山庄的气息后,则可以到同样时髦的**西好莱坞区**,这里聚集高级餐厅、夜店和酒吧,也是对同志非常友善的地区,是洛杉矶时髦男女的享乐天堂。

DAY 2

- 好莱坞 Hollywood（驾车 20 分钟）
- 格里菲斯公园 Griffith Park（驾车 15 分钟）
- 卢斯费利斯 Los Feliz（驾车 15 分钟）
- 回声公园 Echo Park（驾车回旅馆）

远眺山丘上的**好莱坞标志（Hollywood Sign）**，更加确信自己正处于电影实景中。漫步在著名的**好莱坞大道（Hollywood Boulevard）**，以星形标志及名字纪念 2 000 多位电影明星的地砖在人行道上一字排开，可以找寻自己喜爱的电影明星纪念砖在何处。途经年年举办奥斯卡的**柯达大戏院（Kodak Theater）**，以及入口处地板上留有名人手印的**中国大戏院（Grauman's Chinese Theater）**，运气好的话会在这里遇到电影首映礼，见到真正的好莱坞大明星，或到**好莱坞博物馆（Hollywood Museum）**参观曾在知名电影中出现过的道具。接着可至位于城市北边、几乎涵盖整座山丘的**格里菲斯公园**，里面有**洛杉矶动物园（Los Angeles Zoo）**、**美国西部博物馆（Museum of American West）**和**天文台（Griffith Observatory & Planetarium）**可以参观。而整个洛杉矶嬉皮士聚集的地方就数邻近地带的**银湖（Silver Lake）**、**卢斯费利斯**和**回声公园**了，回声公园是座墨西哥社区，到这里绝不能错过点一盘必尝的鱼肉卷（Fish Taco），到最潮的艺廊参加开幕派对，或去那些嬉皮士社区寻找传达最契合理念、使用公平交易的咖啡豆的咖啡店。

DAY 3

- 盖帝中心 Getty Center（驾车 25 分钟）
- 环球影城 Universal Studios Hollywood
  （驾车往南前去圣地亚哥约 3 小时）

洛杉矶的**盖帝中心**是免费、又极具参观价值的博物馆，绝对值得一去。这栋造价 10 亿美元的私人博物馆，有常设的欧洲古典艺术收藏展览，也有不定期举办的艺术展览，并且有精心设计的美丽花园，同时也是居高临下欣赏洛杉矶市景的绝佳去处。在博物馆设立的咖啡馆小憩一会儿，就可以去电影迷绝对不能错过的**环球影城**，直奔《变形金刚》《金刚》《辛普森家庭》和《侏罗纪公园》等区的游乐设施，参加游园车行程一次饱览《大白鲨》《星球大战》等电影的知名场景，最后在以各鬼片为主要架构的鬼屋里惊声尖叫。

Chapter4 达人行程篇

DAY 4

- 乐高乐园 Legoland（驾车40分钟）
- 圣地亚哥 San Diego 的巴博雅公园 Balboa Park（驾车回旅馆）

前晚就先从洛杉矶往南直奔，先住在乐高乐园附近的汽车旅馆，这里位于圣地亚哥北方，是以乐高玩具建成的游乐设施，很适合大人、小孩一同玩乐。接着直奔加州最南端的**圣地亚哥**，领略纯正的墨西哥风情和食物。市区是典型的大都会样貌，但若先到**巴博雅公园**，其剧场、小店和西班牙风情的喷泉及建筑，都会让人有种身处南欧的感觉。可在留在城市间的**旧城（Old Town）**、**圣地亚哥航空母舰博物馆（San Diego Aircraft Carrier Museum）**参观航空母舰和战斗机实物。

图片提供／LEGOLAND® Hotel

DAY 5

- 圣地亚哥野生动物园 San Diego Zoo Safari Park（驾车前往约书亚树国家公园约3小时）

到了圣地亚哥绝不能错过的就是这处野生动物园，它采取开放式园区规划，游客可以搭乘游园车近距离和长颈鹿、犀牛等动物互动，看花豹、狮子在充满非洲草原风的土地上奔跑或睡觉，并且乘坐高空滑索越过野生动物区上方，既惊险又刺激。到了傍晚就可以往北回到洛杉矶东边的国家公园，领略真正的沙漠风情。

图片提供／Visit California

DAY 6

- 约书亚树国家公园 Joshua tree National Park（驾车50分钟）
- 棕榈泉 Palm Spring（回洛杉矶国际机场 LAX 约3小时）

U2乐团发行过一张名为《约书亚树》的专辑，这不是凭空捏造的名词，而是真有其树，洛杉矶东部沙漠地带的**约书亚树国家公园**就布满了这种奇形怪状的树以及光滑的巨石，里面最为人津津乐道的景点是**秘密山谷（Hidden Valley）**、**骷髅石（Skull Rock）**和**主景（Key View）**。沿着州际公路10号行驶则会经过有种复古辉煌感的城市**棕榈泉**，幸运的话可能会被当地人邀请去参加一场泳池畔派对，度过美好假期。

本行程预算	
交通费	300美元
住宿费	350美元
饮食费	200美元
杂支费	200美元
总计	**1 050美元**

行程 3 佛罗里达州 6 日游

旅游焦点 >> 迈阿密、奥兰多、华特迪斯尼乐园、西屿、大沼泽地国家公园、圣奥古斯丁海滩、海明威之家、肯尼迪太空中心

有"阳光州"之称的佛罗里达，是美国四季气候最宜人的州，地理景观和人文风情也丰富得令人眼花缭乱，如从动人的沙滩和俊男靓女、无数的小岛屿到知名的沼泽地带。曾受西班牙统治过的佛罗里达，因为地理位置和古巴十分接近，也因此在部分城市和街区都能感受到两个国家文化的影子。

■ 6 日行程怎么玩

DAY 1

- 迈阿密国际机场 MIA（驾车 20 分钟）
- 小哈瓦那 Little Havana（驾车 15 分钟）
- 南滩 South Beach（步行 10 分钟）
- 装饰艺术历史街区 Art Deco Historic District（驾车回旅馆）

在机场租辆可甲地租乙地还的车，先展开探索佛罗里达南部的旅程，驶车到聚集古巴移民的**小哈瓦那区**，在充满加勒比海情调的街区漫步，品尝地道的古巴料理。接着直奔以热情奔放著名的**迈阿密海滩（Miami Beach）**，其中 5th St 至 21th St 就是精华地带南滩，不妨换上清凉服装晒日光浴，或是到**装饰艺术历史街区**欣赏曾出现在 007 系列电影中的**枫丹白露饭店（Fontainebleau）**，再步行至邻近以**林肯路商业区（Lincoln Road Mall）**为中心的逛街点，在这里找间餐厅填饱肚子、逛艺廊。

图片提供：Smart Destinations

DAY 2

- 设计区 Design District（驾车 5 分钟）
- 小海地区 Little Haiti（驾车 20 分钟）
- 椰林 Coconut Grove（驾车 60 分钟）
- 大沼泽地国家公园 The Everglades National park（驾车一路前往西屿，车程约 3 小时）

前往迈阿密市中心的**设计区**，参观当代艺术博物馆（Museum of Contemporary Art）及邻近的实验艺廊，领略站在浪头之上的艺术。附近的**小海地区**虽然非旅游区，但可以驾车游览街区的壁画与鲜明色彩，亦可直接驾车到略带波希米亚风情的街区**椰林**用餐。接着调整好心情去**大沼泽地国家公园**看佛罗里达最著名的野生鳄鱼、蟒蛇等动物，亲近大自然。

Chapter4 达人行程篇

DAY 3
- 西屿 Key West（步行5分钟）
- 海明威之家 Hemingway Home & Museum（步行15分钟）
- 最南点 Southernmost Point（步行20分钟）
- 赞崔利·泰勒堡历史国家公园 Fort Zachary Taylor Historic State Park [搭乘飞机至奥兰多国际机场（MCO）]

沿着**1号公路**往南开即为佛罗里达群岛，遍布1 700座左右的岛屿，各大岛屿通过跨海公路一路往南串联，可以在途中各处美丽景观多作逗留，如**马拉松岛（Marathon）**及潜水胜地**大礁岛（Key Largo）**，其邻近海域有一尊**耶稣深海雕像（Christ of the Deep）**。不会潜水者则可以搭玻璃船游览海底珊瑚礁景观，或开车直达最南端的**西屿**，但要注意虽然这已经离美国大陆有一段距离，但仍有鳄鱼出没。到了西屿后，就可以展开徒步之旅，参观大文豪海明威曾居住过一段时间的**海明威之家**，到附近酒吧点一杯以兰姆酒为基底的调酒，并且到离古巴只有90海里的**最南点**看夕阳，或到邻近的**赞崔利·泰勒堡历史国家公园**欣赏炮台和享受沙滩之美。

DAY 4
- 奥兰多 Orlando（驾车50分钟）
- 华特迪斯尼乐园 Walt Disney World（驾车返回旅馆）

从**西屿**直接搭飞机回美国本土上的**奥兰多**，可以租原地还车的车直驱**华特迪斯尼乐园**，在这个占地47平方公里的地方，要尽可能玩遍所有的娱乐设施，包括四座主题乐园——神奇王国、艾波卡特、迪斯尼好莱坞梦工厂、迪斯尼动物王国，以及两座水上公园、两处夜间娱乐区和健身馆。若是喜欢刺激的旅行者，则可以选择去别的游乐园，既可观赏海洋生物，又可以搭超高云霄飞车穿梭的**海洋世界（Sea World）**。

图片提供／The Walt Disney Company and Affiliated Companies

DAY 5
- 肯尼迪太空中心 Kennedy Space Center（驾车10分钟）
- 可可海滩 Cocoa Beach（步行60分钟）
- 梅里特岛国家野生动物保护区 Merritt Island National Wildlife Refuge（驾车前往旅馆）

国家航空暨太空总署（NASA）总部就位于佛罗里达州的东海岸，因此这里是太空迷的必去之地，其中**肯尼迪太空中心**最负盛名，可以在这里参观太空发射基地，若时间充裕不妨参加模拟的宇航员培训。在做完太空梦后，建议再到**可可海滩**走走，冲浪者趁此机会跃上浪头。3月至10月则有可能见到海龟上岸产卵，或到邻近的**梅里特岛国家野生动物保护区**欣赏鸟类聚集的自然恩典。

图片提供／NASA

DAY 6
- 代托纳海滩 Daytona Beach（驾车60分钟）
- 圣奥古斯丁海滩 St Augustine Beach [回奥兰多国际机场（MCO）]

沿着东海岸继续探索，这里的**代托纳海滩**是喜爱开快车者的天堂，广阔的海岸边总停着非常多的车辆，在海滩开车是这里的特色，因为名气太响亮，后来**代托纳国际赛车道（Daytona International Speedway）**在附近开张，每到2月都有国际赛事，其他时间也可以参观。再往海岸线的北端行驶，曾经的最古老的欧洲殖民地**圣奥古斯丁海滩**，至今仍保留着古老的街区样貌，400多年来没有变化。

本行程预算	
交通费	400美元
住宿费	350美元
饮食费	200美元
杂支费	200美元
总计	**1 150美元**

行程4 西雅图与近郊5日游

旅游焦点 >> 太空针塔、惠德比岛、拓荒者广场、派克市场、奥林匹克国家公园、贝尔镇、国会山、汤森港、贝尔镇

西雅图的地理位置造就出这里丰富的面貌，西侧紧邻普吉特海湾（Puget Sound），东侧则是华盛顿湖（Lake Washington）。在较为湿冷的气候下，西雅图的人们对咖啡有独到的见解、赋予车库摇滚乐截然不同的灵魂，并和周围岛屿形成相依相存的生活圈，吸引世界各地对西雅图充满浪漫想象的人们造访西雅图。

5日行程怎么玩

DAY 1
- Pioneer Square 地铁站（步行2分钟）
- 拓荒者广场 Pioneer Square（步行15分钟）
- 派克市场 Pike Market（步行7分钟）
- 西雅图艺术博物馆 Seattle Art Museum（步行15分钟）
- 贝尔镇 Belltown（搭乘公交车至旅馆）

以被登录在美国国家史迹名录上的**拓荒者广场**为起点，罗马风格的建筑在此街区屹立不摇，走到1 Ave和Yesler Way的街口，即会见到一处三角形的**拓荒者广场与滚木路历史街区（Pioneer Square-Skid Road Historic District）**，蜿蜒的道路很适合随意行走。接着不妨到全西雅图最热闹的**派克市场**，感受当地鱼市场的热闹，并且在邻近街道欣赏街头艺人的表演，品尝美味的肉桂面包，或到**全球第一家星巴克（Starbucks）**拍照。下午时就可以到**西雅图艺术博物馆**感受优雅气息，这里以当代艺术品居多并不定期举办特展。喜爱摇滚乐的旅行者，绝对不能错过孕育无数车库摇滚（Grunge）表演的**贝尔镇**，选一场现场表演观赏，也许会有新的启发。

Chapter4 达人行程篇

DAY 2

- 5th Ave N & Broad St 公交车站（步行 2 分钟）
- 西雅图中心 Seattle Center（步行 3 分钟）
- 实验音乐摇滚计划音乐馆 Experience Music Project（搭 8 号公交车 16 分钟）
- 国会山 Capital Hill（租车前往车程 2 小时）
- 汤森港 Port Townsend（转搭渡轮）
- 惠德比岛 Whidbey Island（开车至旅馆）

1962 年因世界博览会而建的**太空针塔（Space Needle）**，至今看起来仍以飞碟造型让人觉得前卫，跨年时这里总会施放烟花，提起西雅图，让人脑海中就不禁想起这座高塔。在这一区还有另一座外观特殊的建筑——**实验音乐摇滚计划音乐馆**，陈列摇滚界名人留下的吉他、服饰等让乐迷疯狂的收藏。然后则可以至聚集活力年轻男女的**国会**山街区逛街，租辆车前往迷人的红砖小镇**汤森港**，准备搭可载人与车的渡轮到西雅图近郊岛屿群中的**惠德比岛**。

图片提供／Howard Fink

DAY 3

- 惠德比岛的通行证州立公园 Deception Pass State Park（开车 30 分钟）
- 库柏维尔 Coupeville（开车与搭乘渡轮共约 2 小时）
- 奥林匹克半岛 Olympic Peninsula（开车至旅馆）

可别以为西雅图的惠德比岛很迷人，因为从**汤森港**上渡轮前得排成一列的车阵来看，几乎所有的人到**惠德比岛**都需要开车，很麻烦在迷雾中行驶在公路上，在森林感很重的惠德比岛上发掘每一处美好，到通行证州立公园选一条步道走，于湖畔呼吸着冰冷冷的空气，再跳上车前往岛上的古老小镇**库柏维尔**，在这个亲水地带闲散地漫步，此处同时也很适合慢跑。最后把握时间先开车上渡轮，然后前往下一处同样保持自然景观的**奥林匹克半岛**。

DAY 4

- 奥林匹克国家公园 Olympic National Park（开车 30 分钟）
- 护林站 Dosewallips（开车 30 分钟）
- 雨林谷地 Hoh River（开车 20 分钟）
- 皇后河河谷 Queets River（开车 35 分钟）
- 塞奎姆 Sequim（开车至旅馆或露营地）

喜爱健行的旅行者一定会喜爱**奥林匹克国家公园**，这里的山脉高耸入云，健步行走相对来说较具挑战度，若只是开车游览此区，窗外的景致也丰富得令人眼花缭乱。若从东边入园，会经过**护林站，安德森峰（Mount Anderson）**在眼前翩然现身。西区的观赏重点则是**雨林谷地**，荒凉的景致则又是另一种寒带风情。接着可以到**皇后河河谷**感受自然的纯净无瑕。最后回到**塞奎姆**，在夏季时这里会有整片紫色的**薰衣草田**，呈现阵阵波浪花海的景观。

图片提供／NPS photo

DAY 5

- 巴拉德区 Ballard（开车 15 分钟）
- 佛里蒙特 Fremont（开车 10 分钟）
- 华盛顿大学区 University Way（开车至机场）

鲑鱼逆流而上的动人景象，3 月至 11 月都有机会在**巴拉德区**附近见到，这里同时有非常壮观的**水闸（Hiram M. Chittenden）**可观赏。喜欢小酒馆气息的旅行者可以到巴拉德街上寻找以自酿啤酒为号召的酒馆坐坐。开车不远就到的**佛里蒙特**，则是一处公共艺术家发挥想象力的园地，有一些老杂货店可以挖宝。小镇之旅的最后可以到**华盛顿大学**附近感受大学城的气息，在**红场（Red Square）**附近的咖啡店、书店度过悠闲假期。

本行程预算		
交通费		250 美元
住宿费		300 美元
饮食费		200 美元
杂支费		200 美元
总计		**950 美元**

行程 5　美国东北部双城 7 日游

旅游焦点 >> 波士顿、纽约、费城、华盛顿哥伦比亚特区、乔治城、国会大厦、威廉斯堡、下东城、贝肯山、剑桥

若已经去过美国主要的大城市旅行，这回不妨试试选择多单点进出的方法，在买机票前就先计划好不同城市的进出点，例如在美国东北部以波士顿为第一站，途中以自驾游方法游览纽约、费城，最后以华盛顿哥伦比亚特区为终点，直接从这里乘飞机回中国，既能节省时间又能轻松体验双城游的乐趣。

■ 7 日行程怎么玩

DAY 1
- 抵达波士顿洛根将军机场 BOS（车程 15 分钟）
- 波士顿公园 Boston Common（步行 1 分钟）
- 自由之路 Freedom Trail（车程 15 分钟）
- 剑桥 Cambridge（开车回旅馆）

乘联合航空（United Airlines）针对旅客设计的不同点进出美国班机，先抵达**波士顿洛根将军机场（BOS）**，然后租车到全美最古老的公园之一的**波士顿公园**，夏天时可在**青蛙池塘（Frog Pond）**戏水，冬天则能在这里溜冰。历史悠久的**公园路教堂（Park Street Church）**就在不远处，这里同时也是串联波士顿 16 处重要历史古迹的自由之路，可以轻松畅游老街角书店（Old Corner Bookstore）、老南聚会所（Old South Meeting House）等地。想要感受最热闹的大学城气息，就不能错过哈佛大学、麻省理工学院所在地的**剑桥哈佛广场（Harvard Square）**，在这里放松一整夜。

Chapter4 达人行程篇

DAY 2

- 贝肯山 Beacon Hill（车程 10 分钟）
- 北端 North End（车程 9 分钟）
- 查尔斯镇 Charlestown（车程 4 小时）
- 驱车前往纽约（开车回旅馆）

虽然**贝肯山**大部分的地区是住宅区，但仍有几处值得一游的景点，比如散发古典感的金色圆顶建筑**议会大厦**（Massachusetts State House）以及非裔美国人历史博物馆（Museum if Afro-American History）。接着可驾车往北端走，这里是很著名的意大利移民小镇，**查尔斯镇**也在不远处，在此可参观**宪法号巡洋舰**（USS Constitution）和邦克山纪念碑（Bunker Hill Monument）等景点，接着抓紧时间驱车回纽约。

DAY 3

- 格林尼治村 Greenwich Village（搭乘地铁至 Christopher St – Sheridan Sq 站）
- 切尔西 Chelsea（搭乘地铁至 Essex St 站）
- 下东城 Lower East Side（搭乘地铁）

每到纽约，总有看不完的事物等着你挖掘，这趟纽约行可以深入街区，好好欣赏各区域的样貌。一早先去当年掀起文学思潮的**格林尼治村**，在这里逛逛嬉皮士最爱的唱片行和书店，漫无目的地在林荫下行走。接着可以趁着天气晴朗的午后到**切尔西的高线公园**（The High Line）沿着废弃铁轨走，选一处躺椅躺在上头晒太阳，到了傍晚就到聚集无数小酒吧的**下东城**，趁不用开车赶路的一晚小酌一下。

DAY 4

- 威廉斯堡 Williamsburg（搭乘地铁至 York St 站）
- Dumbo（步行约 20 分钟）
- 下曼哈顿 Lower Manhattan（搭乘地铁至 1 Av 站）
- 东村 East Village（搭乘地铁）

布鲁克林区（Brooklyn）绝对是到纽约暨**曼哈顿岛**后绝对不能错过的旅游重点，路上满是有型有款的个性男女，威廉斯堡已经成为发展成熟的嬉皮士重镇，在这里很容易就能找到一处独立摇滚乐表演场地、一家绝对有个人风格的酒吧。布鲁克林区另外一处 **Dumbo** 则以更边缘的姿态成为创意发生地。跨越**布鲁克林大桥**后，就可以到下**曼哈顿**到处逛逛，看自己会遇到哪处有名景点。晚上去**东村**继续过夜生活。

DAY 5

- 从纽约开车出发到费城 Philadelphia（车程 2 小时）
- 旧城 Old City（车程 10 分钟）
- 国家独立历史公园 Independence National Historical Park（车程 20 分钟）
- 古董一条街 Antiques Row（车程 10 分钟）
- 里顿豪斯广场 Rittenhouse Square（开车回旅馆）

从纽约以 2 小时车程即可抵达**费城**，在这里以中城和邻近的旅游区为主，可以先从旧城里美国最古老的街道之一的艾尔弗兰斯小巷（Elfreth's Alley）开始，逛许多由过去的老仓库改成的老家具店、裁缝店。延续怀古气息，可以到**古董一条街**挖宝，然后在**国家独立历史公园**亲眼见到**自由钟中心**（Liberty Bell Center），以及通过《独立宣言》的所在地**独立厅**（Independence Hall）。最后去**里顿豪斯广场**的餐厅享用大餐。

DAY 6

- 从费城开车出发到华盛顿哥伦比亚特区 Washington D.C.（车程 10 分钟）
- 华盛顿纪念碑（车程 10 分钟）
- 国会大厦（开车回旅馆）

从费城到行程终点华盛顿哥伦比亚特区，可以先向西行抵达享有盛名的匹兹堡（Pittsburgh），前往纪念普普艺术家安迪·沃荷的**安迪·沃霍尔美术馆**（The Andy Warhol museum）朝圣。若不想行程如此紧凑，也可以直接往南开到终点站**华盛顿哥伦比亚特区**，亲眼见见电影《阿甘正传》中的重要场景**华盛顿纪念碑**以及绝对不能错过的**国会大厦**。

DAY 7

- 国际间谍博物馆 International Spy Museum（步行 10 分钟）
- 国家艺术馆 National Gallery of Art（车程 15 分钟）
- 乔治城 Georgetown（开车至华盛顿杜勒斯国际机场，约 20 分钟）

绝对特别的**国际间谍博物馆**，收集了全世界各间谍活动所使用的工具以及珍贵的历史资料，是世界上独一无二的博物馆。邻近的**国家艺术馆**也时而有重量级展品出现。最后驱车到东北方的**乔治城**，在历史街区中选家餐馆享用晚餐。最后抵达华盛顿杜勒斯国际机场（IAD）的租车中心还车，再乘联合航空回程的班机回中国，不用再开车回遥远的波士顿。

本行程预算	
交通费	350美元
住宿费	400美元
饮食费	280美元
杂支费	200美元
总计	**1 230美元**

行程 6 旧金山与近郊 7 日游

旅游焦点 >> 金门大桥、优胜美地、卡斯楚区、纳帕谷、米慎区、艺术宫、海特区、金门公园、柏克莱、北滩

以最迷人的城市——旧金山为大本营，步行或是用便利的交通工具巨细靡遗地感受这座城市最微小的美好。旧金山没有像纽约有过多雄伟的壮丽场面，但随之而来的是最轻松惬意的步调，在这里可以深入每处街区，并且很轻易地到近郊领略大自然予人的震撼力。

■ 7 日行程怎么玩

DAY 1
- Powell 地铁站（步行 2 分钟）
- 联合广场 Union Square（步行 10 分钟）
- 中国城 China Town（步行 10 分钟）
- 北滩 North Beach 的城市之光书店（City of Light）（步行 25 分钟）
- 柯特塔 Coit Tower（搭乘公交车）

　　Powell 地铁站汇集 Muni、BART 地铁系统，多功能的旅游咨询中心就位于此处，可以先在这里搜集旅游相关资讯并买周游券，接着沿着 Powell St 往北走逛平价服饰品牌 GAP、Urban Outfitters 和 H&M 等，接着抵达有着心形装置艺术的**联合广场**，Victoria's secret、Levi's 和 Macy's 百货就围绕着此处。想离开购物商圈，就往东走寻找 Grand Ave 挂有"天下为公"匾额的**中国城入口**，在**花园角广场（Portsmouth Square）**几乎 100% 的华人在打太极拳、下象棋，仿佛在中国，惊觉自己其实处在美国。往北走很容易就在转角发现不同风格的店家脱衣舞夜总会的霓虹灯招牌。而"垮掉的一代"（Beat Generation）的发声地**"城市之光"书店**就在一隅，其精选独立与个性刊物。附近的酒吧也许正有名人在 VIP 区低调享乐。若天色不太晚，可以鼓起勇气挑战前往得经过陡峭斜坡的**柯特塔**，到柯特塔底部欣赏描绘加州早年居民生活的壁画，并且在外头的广场欣赏湛蓝无瑕的**旧金山湾**，拥抱这座美丽的城市。

DAY 2

- Castro St 地铁站（步行 1 分钟）
- 卡斯楚区 Castro（步行 35 分钟）
- 双峰 Twin Peaks（步行 30 分钟）
- 诺伊谷区 Noe Valley（搭 24 号公交车至 Divisadero 站）
- 下海特区 Lower Haight（步行 10 分钟）
- 海特区 Haight St（步行 2 分钟）
- 金门公园 Golden Gate Park（搭乘公交车）

旧金山之所以被誉为全美最自由的城市，20世纪70年代**卡斯楚区**的居民功不可没，这里家家户户挂着象征同志的彩虹旗，不管是异性、同性的恋人在这里可以大方地手牵手，**18th & Castro St 街角**有纪念逝去者的花篮、体现着街头艺人吟唱的理念，F 线具有历史感的轻轨电车停在**简华纳（Jane Warner Plaza）**前。在天气好的时候，来场健行之旅，沿着 23th St 往**双峰**的方向走，在旧金山制高点之一吹着强劲的风欣赏整座城市的景色。下山时则可选择 24th St 往下走，就能到与卡斯楚区隔一个山头的**诺伊谷区**，选一家咖啡店进去休息一会儿。

在 Castro St 搭上 24 路公交车穿越山头，回到城市的中心地带，可以选择沿着 Haight St 或 Divisadero St 逛一会儿家具店。若往 F **海特街**走去，**都柏斯公园（Duboce Park）**遛狗的人来来去去，戴着墨镜的嬉皮士在**咖啡店（Café du Soleil）**外晒太阳，或在用有机食材烹煮料理的餐厅大快朵颐。沿着 Haight St 往斜坡上走，可以逛嬉皮感十足的二手服饰店、在**唱片行（Ameoba Record）**听一场免费的演唱会。接着往街底的金门公园入口处走去，经过一群流浪年轻人霸占的草皮，进入绿意盎然的金门公园，到博物馆区从**加州科学博物馆（California Academy of Science）**、迪杨美术馆（De Young Museum）或日式茶园（Japanese Tea Garden）中择一参观。

DAY 3

- 3 Embarcadero 地铁站（步行 1 分钟）
- 渡轮大厦 Ferry Building（骑自行车 3 分钟）
- AT & T Park（骑自行车 15 分钟）
- 渔人码头 Fisherman's Warf（骑自行车 15 分钟）
- 艺术宫 Palace of Fine Art（骑自行车 10 分钟）
- 克里西菲尔德公园 Crissy Field（骑自行车 5 分钟）
- 金门大桥 Golden Gate Bridge（骑自行车返回渡轮大厦）

先在**渡轮大厦的蓝瓶咖啡（Blue Bottle Coffee）**品尝一杯浓缩咖啡，再到起司店（Cowgirl Creamy）选一块美味起司品尝，接着到起司店门外旧金山湾畔的**贾斯汀·赫曼广场（Justin Herman Plaza）**租自行车，沿着**自行车道（Embarcadero Dr）**往东南方行骑，在棒球迷圣地 **AT & T Park** 感受大棒球场的气势。接着再往回向西北方骑自行车，沿着自行车道游览码头及海湾。如想参观**探索博物馆（Exploratorium）**，则可在 17 号码头停车。若已经有预定到**恶魔岛（Alcatraz Island）**的行程，则需在 33 号码头停留。

到人尽皆知的**渔人码头**和 **39 号码头（39 Pier）**感受传统美国观光海滨景点的趣味，再往北前行，可到因世界博览会而建的**艺术宫**，该罗马式的圆柱建筑气势恢宏，而这一带也正是聚集高级餐馆、精品店的**海洋区（Marina）**。继续沿着海湾往北骑，就可以慢慢见到橘红色闻名全世界的**金门大桥**，在抵达之前见到的那片青翠草地就是**克里西菲尔德公园**，这里每到假日总有无数家庭在进行亲子活动，还有其他活动。到了金门大桥后可以选择上桥骑到另一头**马林郡（Marin County）**或回头骑回租车处。

Chapter4 达人行程篇

DAY 4

- Civic Center 地铁站（搭乘地铁至 19th St/Oakland 站）
- 奥克兰 Oakland（搭乘地铁至 Downtown Berkeley 站）
- 柏克莱 Berkeley（搭乘地铁）

　　Civic Center 地铁站附近就是富丽堂皇的**市政府（City Hall）**，可以免费进入大厅参观美丽的穹顶，或到几步之遥的**亚洲艺术美术馆（Asia Art Museum）**欣赏丰富典藏，若是在星期三还能见到由此融入当地人生活的**农夫集市（Farmer's Market）**。接着乘地铁 BART 系统前往旧金山邻近城市，穿越旧金山湾到对岸的**奥克兰**，在**杰克·伦敦（Jack London Square）**的老酒吧感受作家的喜好，或在**福克斯剧院（Fox Theater）**看一场演唱会。若对大学城有兴趣，则可以乘 BART 地铁至以**柏克莱大学**为中心的**柏克莱区域**，品尝西藏、泰式料理，并且在开放式的大学校园中欣赏钟楼的倩影。

DAY 5

- SFO 机场（车程 70 分钟）
- 纳帕谷 Napa Valley（车程 25 分钟）
- 索诺玛 Sonoma（车程 4.5 小时）
- 优胜美地国家公园 Yosemite National Park（开车回住宿点）

　　出发前几天先上网租车，选择在机场出发的车通常较为便宜，研究好路线开始自驾游。可以先往北沿着 101 公路回到旧金山市区，跨越**海湾大桥（Bay Bridge）**后驶上州际公路 I80 E，经过 37 号公路、29 号公路后就能抵达**纳帕谷**，欣赏葡萄园山丘绵延的美丽，或在酒庄停留品尝美酒，另一处同样美丽的酒庄胜地是**索诺玛**。由于隔天去**优胜美地国家公园**的路途遥远，下午时就可以出发往东前进，走 12 号、4 号、120 号公路才能抵达。

DAY 6

- 优胜美地国家公园 Yosemite（游览整天）
- SFO 机场（搭乘地铁）

　　可以在由国家公园提供的资料中，选择一条健行步道，或是开车游览各个震撼人心的景点，如**优胜美地瀑布（Yosemite Falls）**、**新娘面纱瀑布（Bridalveil Falls）**、**大酋长岩石（El Captain）**、**半圆顶岩石（Half Dome）**。开车途中有可能遇见各种当地的野生动物如鹿、棕熊。依据归还租车的时间决定何时返回旧金山机场（**SFO**）。

DAY 7

- 16th & Mission 地铁站（步行 1 分钟）
- 米慎区 Mission（步行 15 分钟）
- 伯纳尔高地 Bernal Height（搭乘 J、N 地铁至 Judah/La Playa/Ocean Beach 站）
- 海洋海滩 Ocean Beach（搭乘 N 地铁至 Judah St & 19 th Ave 站）
- 落日区 Sunset（搭乘地铁）

　　搭乘 BART 系统地铁到 **16th & Mission** 交界处的地铁站，一出站也许会觉得街区有些破败，但一街之隔的 **Valencia St** 正是旧金山最有发展潜力的街道，高级餐厅、使用自家烘焙咖啡豆的咖啡店比比皆是，到这个由墨西哥移民发展出的区域，绝不能错过墨西哥食物、玛格丽特调酒，沿着 Valencia St 往南走，与 **24th** 的交叉口也是重点区域，**壁画街（Balmy St）**就位于此处。再往南走会看见一个小山丘**伯纳尔高地**，穿过拥有美丽维多利亚式建筑的居民住宅区往山丘上走，到顶端后眼前的景象绝对动人。下山后转搭地铁前往**海洋海滩**，在海滩一隅**悬崖小屋（Cliff House）**、**苏特罗泳池（Sutro Bath）**遗迹散步，并且可以眺望**海豹石（Seal Rock）**一带汹涌的海浪。

本行程预算	
交通费	200美元
住宿费	400美元
饮食费	200美元
杂支费	300美元
总计	**1 100美元**

黄金西海岸10日游

行程 7

旅游焦点 >> 西雅图、波特兰、旧金山、洛杉矶、圣塔芭芭拉、蒙特利、大苏尔、马里布、圣塔克鲁斯、赫斯城堡

想要一次欣赏壮阔的海岸线及令人惊心动魄的火山景观,就不能错过美国西海岸的各绝美景点。同样以不同点进出美国的方式,从最北边华盛顿州的西雅图开始,体会这座城市的迷人之处。接着一路开车欣赏周边高耸入云的火山,往南到俄勒冈州探险,不知不觉就到了四季气候宜人的加州,在令人震撼的断崖边瞭望太平洋,看野生海狮在海里悠游。最后以大城洛杉矶为终点,依依不舍地预约下趟旅程。

10日行程怎么玩

DAY 1
- 抵达西雅图塔科马国际机场 SEA(车程 30 分钟)
- 派克市场 Pike Market(车程 10 分钟)
- 西雅图中心 Seattle Center(车程 12 分钟)
- 拓荒者广场 Pioneer Square(开车回旅馆)

搭乘联合航空(United Airlines)针对旅客设计的不同点进出美国的班机,先抵达**西雅图塔科马国际机场(SEA)**,然后在租车处租车上路,直达西雅图市中心的精华区域。在**派克市场**随手买甜点边走边吃,或走下斜坡到附近有"世界最脏墙壁"之称的**口香糖墙**,粘上你想留下的口香糖或小纸条。之后到**西雅图中心**近距离欣赏**太空针塔**,或到楼上视野超好的餐厅用餐。最后再回到**拓荒者广场**,用步行的方式,体会西雅图的细致。

Chapter4 达人行程篇

DAY 2

- 奥林匹克国家公园 Olympic National Park（车程 3.5 小时）
- 圣海伦峰 Mount St. Helens（车程 1.4 小时）
- 波特兰 Portland（开车回旅馆）

趁早先去**奥林匹克国家公园**呼吸大自然的新鲜空气，徜徉山林和瀑布间。接着沿州际 5 号公路一路往南行驶，先眺望壮丽的**圣海伦峰火山**，若有时间则可以前往**冷水湖**（Coldwater Lake）、**城堡湖**（Castle Lake）、**银湖**（Silver Lake）和**精灵湖**（Spirit Lake）探险。圣海火山仍在进行火山运动，更加剧了此地的多变性。最后赶路到俄勒冈州的大城**波特兰**，尝试发现这里的古怪之处，真的感觉跟美国影视剧 *Portlandia* 里头演的一样不寻常。

DAY 3

- 波特兰的霍桑大道 Hawthorne（车程 15 分钟）
- 珍珠区 Pearl District（车程 8 分钟）
- 先锋者广场 Pioneer Courthouse（开车回旅馆）

波特兰的**霍桑大道**，以其充满随兴不羁的调调出名，过去也曾经是嬉皮重镇，如今则遍布许多当地卖自家酿酒的酒吧、注重使用有机食材的餐厅，在这里很少会见到连锁店。想要去截然不同气息的区域，则可以到**珍珠区**的昂贵精品店逛逛，在俄勒冈州由于不收购物税，是很多人的血拼天堂。晚上则可以到**先锋者广场**听一场露天演奏会。

DAY 4

- 前往火山口湖国家公园 Crater Lake National Park（车程 2 小时）
- 爱许兰 Ashland（开车回旅馆）

距离波特兰南边车程约 4 小时处，有不少自然风光，其中拥有湖中湖的**火山口湖国家公园**，是全球最深的火山口湖之一，发出奇异的蓝光，冬春之际湖边的积雪也让景致更为动人。另外因为景点有点散，可以从**俄勒冈山洞国家保护地**（Oregon Caves National Monument）或**俄勒冈沙丘国家游乐区**（Oregon Dunes National Recreation Area）中择一参观。接受大自然的洗礼后可先驱车到**爱许兰**，这里渐渐地成为喜爱葡萄酒人士群聚的城市。

DAY 5

- 拉森火山国家公园 Lassen Volcanic National Park（车程 3 小时）
- 沙加缅度 Sacramento（车程 2 小时）
- 纳帕谷 Napa（开车回旅馆）

跨越州界到了加州，这里又有不同的火山景观，**拉森火山国家公园**是全世界最大的穹顶火山，至今仍有火山活动，地热和温泉的景观也十分吸引人，远望则又是一种美。接着继续往南到**沙加缅度**的老城和河边歇息，再去**纳帕谷**参观酒厂，感受加州葡萄酒的当地特色。

DAY 6

- 旧金山的金门大桥 Golden Gate Bridge（车程 10 分钟）
- 九曲花巷 Lombard St（车程 5 分钟）
- 金门公园 Golden Gate Park（开车回旅馆）

一大早可以选择继续在**纳帕谷**欣赏绵延的葡萄园，或者直接向南部开到**旧金山**，欣赏**金门大桥**的壮丽，在**马林郡**（Marin County）那一头的山上往下看金门大桥别有一番感受。接着驾车到非常陡峭的**九曲花巷**，挑战有如九弯十八拐的高难度下坡。之后可以到**金门公园**选处悠闲的角落休息，或是到博物馆区选择参观**加州科学博物馆**（California Academy of Science）或是**迪杨美术馆**（de Young Museum）。晚上再到附近的里奇蒙（Richmond）找家中国餐馆享用晚餐。

DAY 7

- 圣塔克鲁斯 Santa Cruz（车程 40 分钟）
- 蒙特利 Monterey（车程 10 分钟）
- 卡梅尔 Carmel（车程 15 分钟）
- 海狼岬州立自然保护区 Point Lobos State Natural Reserve（开车至旅馆）

这天继续往南到**圣塔克鲁斯**，领略典型的海滨小镇风光，聚集上流社会人士的**蒙特利**就在不远处，**卡梅尔**也同样散发出高贵的气质。逗留一会儿后就可以去本区的重点景区**海狼岬州立自然保护区**，这里有许多健行步道，生态物种丰富。沿着步道走过无人的美丽海湾，海水清澈见底，可以看见海狮穿梭在海里巨大的绿藻中。

DAY 8

- 大苏尔 Big Sur（车程 30 分钟）
- 摩洛湾 Morro Bay（开车至旅馆）

西岸的 **1 号公路**可以说是全美风景最美的公路，众多好莱坞名流选在**大苏尔**举办婚礼不是没有道理的。**麦可维瀑布和洞穴（McWay Falls and Cove）**就位于一处无人沙滩，海水呈现苏打水的蓝绿色，整条海岸线的峭壁壮观得令人屏息，很多人选在这里露营享受更原始的旅行体验，或是再往南到**摩洛湾**，欣赏海中凸起的那座像山一样的巨石。

DAY 9

- 圣塔芭芭拉 Santa Barbara（车程 1 小时）
- 马里布 Malibu（车程 15 分钟）
- 盖帝中心 Getty Center（车程 20 分钟）
- 圣塔莫尼卡 Santa Monica（开车至旅馆）

从摩洛湾往南开 2 小时，就是**圣塔芭芭拉**，一处洋溢着西班牙风情的魅力小镇，可以在这里参观**圣塔芭芭拉修道院（Mission Santa Barbara）**。接着继续沿海滨路线前往好莱坞名人豪宅聚集的**马里布海滩**，稍作停留后直奔免门票的**盖帝中心**远眺洛杉矶，参观无数的私人艺术收藏品。最后落脚在**圣塔莫尼卡**，一座气氛悠闲的海滨城市。

DAY 10

- 洛杉矶市区 Downtown（车程 20 分钟）
- 好莱坞 Hollywood（车程 15 分钟）
- 西好莱坞 West Hollywood（开车至洛杉矶国际机场（LAX））

洛杉矶市区傍晚过后非本地人不要前往，所以可以趁白天去看看街景，或到市中心的小东京（Little Tokyo）吃碗拉面。接着到必去景点**好莱坞大道**，欣赏街上装扮成卓别林、超人的街头艺人。下午去**西好莱坞**找家最时髦的餐馆喝饮料，或是吃顿丰盛的美食，最后开车到洛杉矶国际机场（LAX）还车，搭乘联合航空的甲地进乙地出的班机回中国。

本行程预算

交通费	450 美元
住宿费	350 美元
饮食费	350 美元
杂支费	200 美元
总计	**1 350 美元**

行程 8 五大湖区 10 日游

旅游焦点 >> 芝加哥、安大略湖、尼亚加拉瀑布、麦迪逊、麦基诺水道、密尔瓦基、明尼阿波利斯

美国与加拿大交界处拥有无数令人赞叹的自然景观,北方以苏必利尔湖(Lake Superior)、休伦湖(Lake Huron)、密歇根湖(Lake Michigan)、伊利湖(Lake Erie)和安大略湖(Lake Ontario)组成的五大湖区和邻近的美国重点城市,串联成一圈值得深度探寻的旅游必去之地。

10日行程怎么玩

DAY 1
- 抵达纽约肯尼迪国际机场 JFK(车程 24 分钟)
- 阿斯托利亚 Astoria(车程 15 分钟)
- 上东城 Upper East Side(车程 16 分钟)
- 剧院区 Theater District(开车回旅馆)

只要到了美国东岸,无论如何一定要去纽约走走,造访这座内容丰富且充满活力的城市,可以**先去皇后区(Queens)**的**阿斯托利亚**品尝希腊料理,漫步在南欧风情社区;接着到**上东城**区选一家最想去的博物馆,或是去**中央公园(Central Park)**纪念披头士成员约翰·列侬的**草莓园(Strawberry Field)**听路人弹奏他的音乐;晚上到霓虹灯闪耀的**剧院区**和来自世界各地的游客狂欢,在**百老汇(Broadway)**看一出经典的歌舞剧。

DAY 2

- 康宁玻璃博物馆 Corning Museum of Glass（车程 1 小时）
- 手指湖区 Finger Lake（车程 2 小时）
- 尼亚加拉大瀑布 Niagara Falls（开车回旅馆）

上路横跨五大湖的旅程，在抵达美加交界的**尼亚加拉大瀑布**前，可以在距离纽约 4 小时车程的**玻璃博物馆**稍作歇息，花点时间参观巧夺天工的玻璃艺术品。接着前往**手指湖区**欣赏湖畔之美，若有时间则可以稍作健行，近距离欣赏动人的风光。最后直接前往此行的重点尼亚加拉大瀑布，在美国这一侧的尼亚加拉大瀑布又称**美国瀑布**（**American Falls**），呈现绝美的蓝色，高度落差约 52 米，相当有看头。

DAY 3

- 水牛城 Buffalo（车程 30 分钟）
- 伊利湖滩 Lake Erie Beach（车程 4 小时）
- 阿米希社区 Amish Country（开车回旅馆）

到**水牛城**尝尝何谓正宗的水牛城鸡翅（Buffalo Wings），在**艾蒙伍德村**（**Elmwood Billage**）逛艺术工作室，或是到**提夫特自然保护区**（**Tifft Nature Preserve**）看看有没有机会遇到野生动物。接着前往**伊利湖滩**感受伊利湖的广大，这个湖滩风景竟跟海滩差不多。最后驱车前往拒绝现代化的**阿米希社区**，以尊重当地人生活的态度游览，感受不同世界的生活方式。

DAY 4

- 冷水湖州立公园 Coldwater Lake State Park（车程 2 小时）
- 年轻州立公园 Young State Park（车程 30 分钟）
- 麦基诺水道 Straits of Mackinac（开车回旅馆）

从俄亥俄州前往密歇根州，在这块被湖三面围绕的土地上行驶，建议可以先在**冷水湖州立公园**停下，活动活动筋骨，若有钓鱼用具，则可以小试身手。接着沿着 75 号公路往北到**年轻州立公园**，夏天这里绿意盎然，迎接游客来划船和健行，冬天则冰雪遍布。这里距离著名的**麦基诺水道**不远，宏伟的水道两边分别是密西根湖和休伦湖，为一次欣赏两湖景致的最佳去处。

DAY 5

- 麦基诺岛 Mackinac Island（车程 3 小时）
- 马凯特 Marquette（车程 1.5 小时）
- 休顿 Houghton（开车回旅馆）

仍保留古镇感觉的**麦基诺岛**位于休伦湖中，想要上岛可以搭渡轮或轻型飞机，很多人会在这里乘马车游览城镇，岛上的**拱门石**（**Arch Rock**）是不可错过的拍照景点。接着可以再搭渡轮回到本岛，前往**马凯特**这座滨湖小镇看雾气在湖上飘荡，体验湖边生活的闲情逸致，接着前往**休顿**品尝新鲜渔产品做出的美味料理。

DAY 6

- 使徒群岛国家湖岸 Apostle Islands（车程 1.5 小时）
- 杜鲁市 Duluth（开车回旅馆）

到了五大湖区，最不能错过的就是漫步湖岸，亲眼了解湖滨的生态，在著名的**使徒群岛国家湖岸**有 21 处岛屿可以探险，眼前辽阔无边的景象是湖而不是海，令人瞠目结舌的悬崖和海蚀洞都足以让人流连忘返。最后经过吊桥驶入市区，在**杜鲁市**迷人的港湾观光。

Chapter4 达人行程篇

DAY 7
- 明尼阿波利斯 Minneapolis（车程 1.5 小时）
- 罗彻斯特 Rochester（开车至旅馆）

这天又要驾车跑长途，行驶 4 小时后到极具艺术性的城市明尼阿波利斯，在**明尼阿波利斯雕刻公园**（Minneapolis Sculpture Garden）看**汤匙桥与樱桃**（Spoonbridge and Cherry）公共艺术。接着去**圣保罗大教堂**（St. Paul Church）的**地下洞穴**（Underground Caves）参观。结束旅程后继续前行，到**罗彻斯特的梅伍德大宅**（Mayowood Mansion），这里夜晚因为灯饰装点，很有美国过佳节时的欢乐气息。

图片提供／FaceMePLS

DAY 8
- 麦迪逊 Madison（车程 1 小时）
- 密尔瓦基 Milwaukee（车程 1.5 小时）
- 芝加哥 Chicago（开车至旅馆）

前往终点站**芝加哥**之前，还有两处可以好好停留下来的城镇，在大学城**麦迪逊**可以感受自由奔放的气息，在**梦多塔湖**（Mendota）和**马诺纳湖**（Monona）湖畔间的这座城市行走，去**黛安镇农夫集市**（Dana County Farmer's Market）品尝最地道的特产，哪怕只是一小片起司，都能让人唇齿留香。接着到**密尔瓦基**，在**密尔瓦基美术馆**（Milwaukee Art Museum）欣赏有如鸟儿展翅的建筑外观。最后直奔美国重要城市之一的**芝加哥**。

图片提供／Visit Milwaukee

DAY 9
- 约翰汉考克中心 John Hancock Center（步行 6 分钟）
- 千禧公园 Millennium Park（步行 20 分钟）
- 北街沙滩 North Avenue Beach（开车回旅馆）

在芝加哥最棒的一件事情是乘船游河，从这座城市的中央欣赏两岸建筑争高低的摩天大楼。其中最高的一座是**约翰汉考克中心**，登上 94 楼的天文台，或去 96 楼ží杯饮料，就可以居高临下欣赏城市景观。接着可以去邻近的**千禧公园**，欣赏公园内的绿建筑。接着慢慢散步到**北街沙滩**晒日光浴。

DAY 10
- 海军码头 Navy Pier（车程 20 分钟）
- 皮尔森 Pilsen（车程 20 分钟）
- 瑞格利运动球场 Wrigley Field [开车回芝加哥奥黑尔国际机场（ORD）]

芝加哥游人如织的**海军码头**今日成为一座大型游乐场，有一座 15 层楼高的摩天轮，以及各种富有美国观光景点感的设施，它们正位于**密歇根湖畔**。想探索不同文化，则可以到**皮尔森**这处拉丁美洲裔人口居住地，在 18 街找一家墨西哥菜馆大快朵颐，然后杯以龙舌兰为基酒的调酒，为下一个行程热身。接着选定想要看的球赛，到**瑞格利运动球场**看棒球赛。

本行程预算
交通费	350 美元
住宿费	400 美元
饮食费	280 美元
杂支费	200 美元
总计	**1 230 美元**

行程 9　夏威夷岛屿风情 5 日游

旅游焦点 >> 考爱岛、夏威夷岛、茂宜岛、瓦胡岛、火奴鲁鲁、威基基海滩、欧胡市场、夏威夷火山国家公园

提起夏威夷，第一个想到的是什么？鲜花、冲浪或是火山？规划一趟夏威夷之旅，所有关于夏威夷的美都可以得到体验。由毛依岛、瓦胡岛、夏威夷岛、考爱岛、拉奈岛和莫洛凯岛所组成的夏威夷群岛，各岛距离甚远，往返需要搭乘飞机，若只有一周的假期，不妨从观光资源最丰富的瓦胡岛开启这趟令人向往的旅程，再依据喜好选择飞往其他岛屿。

■ 5 日行程怎么玩

DAY 1
- 瓦胡岛檀香山国际机场 HNL（搭乘 20 号公交车，车程 25 分钟）
- 瓦胡岛的火奴鲁鲁市中心 Honolulu（步行 1 分钟）
- 夏威夷州立艺术博物馆 Hawaii State Art Museum（步行 12 分钟）
- 夏威夷海洋中心 The Hawaii Maritime Center（步行 18 分钟）
- 瓦胡市场 O'ahu Market（搭乘公交车）

可以选择抵达**瓦胡岛檀香山国际机场（HNL）**的班机。由于**瓦胡岛（Oahu）**俨然一座大城市，岛内的公共交通运输工具也很发达，就让我们的旅行从最知名的火奴鲁鲁市中心开始，这里拥有**伊奥拉尼宫（Lolani Palace）**、**国会大厦（State Capitol）**、**卡瓦伊阿豪教堂（Kawaiaha'o）**等景点，步行距离内还有**夏威夷州立艺术博物馆**、**夏威夷海洋中心**可以参观，很适合不使用地图的徒步旅行。最后则可以往西边走到**中国城（China Town）**的瓦胡市场，这里混杂了各种古老中国的气味，想要逛古董店、花店或小吃店应有尽有。

Chapter4 达人行程篇

DAY 2
- 珍珠港 Pearl Harbor（车程41分钟）
- 威基基海滩 Waikiki（搭乘19号公交车,车程20分钟）
- 夏威夷儿童探索中心 Hawaii Children's Discovery Center（步行回旅馆）

极具历史意义的珍珠港是夏威夷必去景点,领取参观券后开始等着上军舰参观,通过听解说更加了解了当年的战争。接着轻松一点,回到靠近市区的**威基基海滩**,在这里玩冲浪、驾驭帆船。此区聚集很多旅馆,由于日本客人众多,在这里日文也很盛行,可体验最夏威夷式的海洋风情。若带小朋友出来旅行,则可以去**夏威夷儿童探索中心**度过亲子时光。

DAY 3
- 夏威夷岛的夏威夷火山国家公园 Hawaii Volcanoes National Park（车程55分钟）
- 州立熔岩树公园 Lava Tree State Park（搭乘飞机）

搭乘飞机至**科纳国际机场（KOA）**,租车前往最震撼的景点——**夏威夷火山国家公园**,这里有世界火山运动最活跃的**基拉韦厄火山（Kilauea）**,地表景观时时刻刻都在变化,熔岩景观更不容错过,搭直升机欣赏火山是不错的选择,若有兴趣可向当地业者报名。自驾车则可沿着 Crater Rim Dr 走,感受火山喷发的震撼。很多人会从此处健行上山,这里拥有全世界最高的海洋山脉——**莫纳凯亚火山（Maunakea）**。或再驾车前往**州立熔岩树公园**,看过去熔岩覆盖过的植被如今形成的奇妙景象。

DAY 4
- 毛依岛（Maui）的拉海纳 Lahaina（车程30分钟）
- 玛阿拉也亚海湾 Ma'alaea（车程60分钟）
- 哈来亚卡拉国家公园 Haleakala National Park（搭乘飞机）

搭乘飞机至毛依岛的**卡互陆伊机场（OGG）**,租车前往**拉海纳**,这座过去以捕鲸为业的港口小镇,至今仍维持历史悠久的样貌。从这里可去**菩提树广场（Lahaina Banyan Court Park）**,在巨大的菩提树下逛一摊摊小贩。接着前往海风强劲的**玛阿拉也亚海湾**,看风帆船在海上航行,或在**毛依海洋中心（Maui Ocean Center）**欣赏热带海洋生物。最后若还有时间就去**哈来亚卡拉国家公园**再次领略火山之美。

DAY 5
- 考爱岛（Kauai）的纳帕丽 Na Pali（车程5分钟）
- 威美亚峡谷 Waimea Canyon（车程40分钟）
- 伊普海滩 Po'ipu Beach（搭乘飞机）

搭乘飞机至**里胡机场（LIH）**,抵达开发程度较低的考爱岛,体验夏威夷原有的宁静生活。租车前往**纳帕丽**,这里是岛屿的北边,可在这里品尝新鲜的渔产,欣赏峡谷地形造成的壮丽瀑布。或是到另一头西边的**威美亚峡谷**,这里的景观让人有置身美国本土的错觉。最后在冲浪胜地**伊普海滩**喝一杯沁凉的啤酒,度过悠闲的海洋岛屿假期。

本行程预算	
交通费	1 000美元
住宿费	400美元
饮食费	250美元
杂支费	200美元
总计	**1 850美元**

行程 10 横跨美国壮游 14 日游

旅游焦点 >> 纽约、克利夫兰、芝加哥、丹佛、落基山脉、大峡谷、拉斯维加斯、莫哈维沙漠、洛杉矶

横跨美国本土是一件不容易的事,首先你得练就好一身开车的功夫,接着要克服全美各地不同气候所造成的行车体验差异,再者若是只身上路,紧急道路救援的事前功课可千万不能少做,准备齐全后上路。若从纽约到洛杉矶,不间断地一路行驶,得花至少 40 个钟头以上,规划每天行驶的公里数,在其中的城镇停留旅游,来场属于自己的壮游之旅。

14 日行程怎么玩

DAY 1

- 抵达纽约肯尼迪机场 JFK(车程 20 分钟)
- 纽约曼哈顿 Manhattan(车程 1 小时)
- 哈德逊河谷 Hudson Valley(车程 1.5 小时)
- 特拉华水峡 Delaware Water Gap(开车回旅馆)

从东岸最具观光吸引力的大苹果——**纽约**开始,在**曼哈顿岛**体验雄伟建筑予人的震撼,感受百老汇五光十色的美国典型色彩。接着往北,可以抵达分为下、中和上的**哈德逊河谷**,较容易抵达的是其中的**哈里曼州立公园(Harriman State Park)**、**贝尔山州立公园(Bear Mountain State Park)**。可以在这里游泳、健行,天气晴朗时眺望纽约曼哈顿岛。接着开车上 87 号州际公路,接 287 号州际公路,再来到一路向西的 80 号州际公路,到**新泽西州**和**宾夕法尼亚州**边界的**特拉华水峡**,欣赏特拉华河的辽阔。

Chapter 4 达人行程篇

DAY 2

- 麦卡尔斯坝国家公园 McCalls Dam State Park（车程 1 小时）
- 白头鹰州立国家公园 Bald Eagle State Park（车程 3.6 小时）
- 年轻镇 Youngstown（车程 1.4 小时）
- 克利夫兰 Cleveland（开车回旅馆）

行驶在 80 号公路上，沿途会经过不少值得一游的州立公园，到**麦卡尔斯坝国家公园**听**白鹿溪**（White Deer Creek）的潺潺流水。接着上路至**白头鹰州立国家公园**，在被群山围绕的**福斯特约瑟夫·塞耶斯湖**（Foster Joseph Sayers Lake）钓鱼、戏水。再回到州际公路前往**年轻镇**仍旧有百年前风情的市中心。最后驱车前往**克利夫兰的大学圈**（University Circle）附近吃吃喝喝。

DAY 3

- 克利夫兰的摇滚名人堂 The Rock and Roll Hall of Fame and Museum（车程 1.4 小时）
- 阿米希社区 Amish County（车程 6 小时）
- 印第安纳沙丘国家滨湖游乐园 Indiana Dunes National Lakeshore（开车回旅馆）

到了**克利夫兰**，绝不能错过**摇滚名人堂**，在这座金字塔状的建筑里可以欣赏摇滚乐演唱会，亲眼一见名留摇滚乐历史的经典乐器。接着往南去**阿米希社区**，领略不同于现代工业化社会的淳朴小镇。接着驱车赶路，若累了可选一处城镇落脚，或是前往**印第安纳沙丘国家滨湖游乐园**，体验广阔沙丘的荒芜景色。

DAY 4

- 芝加哥 Chicago（游河 1 小时）
- 芝加哥游河 The Chicago River Architecture Tour（车程 20 分钟）
- 橡木公园 Oak Park（车程 3 小时）
- 爱荷华城 Iowa City（开车回旅馆）

想要在有限的时间内游览**芝加哥**，搭船游河是最节省时间的方法，沿河可见错落的摩天大楼。接着开车到市区西侧的**橡木公园**，在这座小镇按图索骥，步行欣赏建筑师**莱特**（Frank Lloyd Wright）的建筑作品。接着行驶在**雷根高速公路**（Ronald Reagan Memorial HWY）上，欣赏路边风光。然后直接到**爱荷华城**，这座城市的"**草原灯光**"书店（Prairie Lights Book）总让人流连忘返，河川的两岸都是餐厅和酒吧，让人有足够的理由在这里驻足停留。

DAY 5

- 港口路易莎国家野生动物保护区 Port Louisa National Wildlife Refuge（车程 1.4 小时）
- 狄蒙 Des Moines（车程 2 小时）
- 奥马哈 Omaha（车程 2 小时）
- 大岛市 Grand Island（开车回旅馆）

在**港口路易莎国家野生动物保护区**欣赏候鸟后，接着前往爱荷华州的首府**狄蒙**，静谧的**狄蒙河**（Des Moines River）流经其中，西岸是政经地带和娱乐区域，东岸则较有艺术气息；也可到**英格索尔大道**（Ingersoll Ave）的酒吧小酌。接着驱车前往**奥马哈**，吃一顿必吃的牛排大餐。接着继续往西行，在**大岛市**稍作停留休息，5 月的时候还有机会在这里看场赛马。

DAY 6

- 科尔尼堡州立历史公园 Fort Kearney State Historical Park（车程 2 小时）
- 奥加拉拉 Ogallala（车程 3 小时）
- 丹佛 Denver（开车回旅馆）

在**科尔尼堡州立历史公园**短暂停留、参观战争历史遗迹后，直接驱车前往**奥加拉拉**，这座富有牛仔风情的历史小镇，绝对值得一游。附近的**大普拉特河路拱门博物馆**（**Great Platte River Road Archway**）远看像一座天桥，也是行驶 80 号公路会经过的景点。最后赶车先到靠近**落基山脉**（**Rocky Mountain**）的**丹佛**停留，在**下城**（**Lower Downtown**）度过美好的一晚。

DAY 7

- 圆石城 Boulder（车程 1 小时）
- 落基山脉国家公园 Rocky Mountain National Park（车程 1 小时）
- 布雷肯里奇 Breckenridge（开车至旅馆）

先拜访**圆石城**这个充满年轻、颓废气息的小镇，然后从这里继续前往**落基山脉**的旅程，这段是到科罗拉多州绝不能错过的景点，落基山脉上的**高山苔原**景致、**熊湖路**（**Bear Lake Trailhead**）、**卡里索瀑布**（**Calypso Cascades**）都能轻易让人忘却都市尘嚣。再往更深山处则以**斯廷柏特泉**（**Steamboat Springs**）的滑雪度假最为知名，可选择待在山上的滑雪旅馆，或回到州际公路附近同为滑雪胜地的**布雷肯里奇**。

DAY 8

- 韦尔 Vail（车程 3 小时）
- 拱石国家公园 Arches National Park（开车至旅馆）

科罗拉多州的山脉景致让人醉心，这里另一处滑雪胜地就是**韦尔**，想要到这里须先将车子停放在当地交通中心，之后才能步行到主要街道，在当地健行或乘坐缆车到**韦尔山**（**Vail Mountain**）。玩完后就可以驱车前往景色截然不同的**拱石国家公园**，在这里欣赏红灰岩自然形成的惊人景色。

DAY 9

- 摩押市 Moab（车程 1 小时）
- 峡谷国家公园 Canyonlands National Park（开车至旅馆）

先在峡谷国家公园间的**摩押市**稍作停留，接着可以选择再回到**拱石国家公园**，或是到西南方的**峡谷国家公园**参观自然名胜，亲自领略**科罗拉多峡谷**（**Grand Canyon**）的惊人景致。

Chapter4 达人行程篇

DAY 10
- 里奇菲 Richfield（车程 2.5 小时）
- 锡安国家公园 Zion National Park（车程 2 小时）
- 拉斯维加斯 Las Vages（开车至旅馆）

到了犹他州，不管欣赏几次峡谷景观都甘之如饴，这天可先到**里奇菲**感受中西部小镇风情，接着去**锡安国家公园**继续探寻峡谷景观，寻找传说中的科罗布拱门（Kolob Arch）和白色大宝座（Great White Throne）。

图片提供／bodproject

DAY 11
- 拉斯维加斯（开车至旅馆）

一大早就开车前往这趟旅程的重点之一—拉斯维加斯，经过荒芜的**莫哈维沙漠（Mojave）**时，也许会巧遇一群正在沙漠中开派对的嬉皮士。到了霓虹灯闪烁的**拉斯维加斯**，准备好一掷千金，或是看一场世界级歌舞秀，在这里度过喧闹不停的沙漠绿洲生活。

图片提供／Ryan Jerz

DAY 12
- 莫哈维自然保护区 Mojave National Preserve
- 棕榈泉 Palm Spring（开车至旅馆）

若是前一天没时间停留在**莫哈维沙漠**，那不妨停留在拉斯维加斯南边的**莫哈维国家自然保护区**，体验在沙漠地带滑沙的快感。接着可到有着复古情调的**棕榈泉**，享受一顿奢华晚餐。

DAY 13
- 洛杉矶市区 Downtown（车程 20 分钟）
- 好莱坞 Hollywood（车程 15 分钟）
- 西好莱坞 West Hollywood（车程 15 分钟）
- 韩国城 Koreatown（开车至旅馆）

抵达最后一站**洛杉矶**，先在位于市区的**小东京（Little Tokyo）**大快朵颐，接着到大名鼎鼎的**好莱坞**逛街，体验纯正的美式娱乐工业气氛。下午到**西好莱坞**有户外区的酒吧，戴着墨镜晒太阳。晚上则可以到最新兴的时尚去处**韩国城**，感受韩国移民在此建立的极富韩国娱乐感的商业区。

DAY 14
- 回声公园 Echo Park（车程 30 分钟）
- 环球影城 Universal Studios Hollywood[开车至洛杉矶国际机场（LAX）]

最后一天在墨西哥风情社区享用一顿墨西哥大餐，或是去提供上百种啤酒的酒吧，还可以逛**回声公园**散落各处的艺廊，接着直奔最精彩的**环球影城**，放纵地乘云霄飞车边听音乐，边放声尖叫。

本行程预算	
交通费	800美元
住宿费	780美元
饮食费	750美元
杂支费	400美元
总计	2 730美元

新英格兰与中大西洋················132
- 华盛顿哥伦比亚特区・纽约州・宾夕法尼亚州・西弗吉尼亚州・弗吉尼亚州
- 缅因州・新罕布什尔州・马萨诸塞州・佛蒙特州・罗得岛州・康涅狄格州
- 新泽西州・特拉华州・马里兰州

佛罗里达与南部················140
- 佛罗里达州・北卡罗莱纳州・南卡罗莱纳州・田纳西州・路易斯安那州・阿肯色州
- 佐治亚州・阿拉巴马州・肯塔基州・密西西比州

得克萨斯州、北美大平原与中西部················146
- 得克萨斯州・伊利诺伊州・印第安纳州・密歇根州・明尼苏达州・威斯康星州
- 俄亥俄州・北达科他州・南达科他州・俄克拉荷马州・堪萨斯州・内布拉斯加州
- 爱荷华州・密苏里州

落基山脉与西南部················154
- 科罗拉多州・内华达州・亚利桑那州・新墨西哥州・犹他州・蒙大拿州
- 怀俄明州・爱达荷州

加利福尼亚州与西北太平洋················160
- 加利福尼亚州・俄勒冈州・华盛顿州

海外州与境外领土················164
- 夏威夷州・阿拉斯加州・关岛・北马利安纳群岛・美属维京群岛・波多黎各

符号代表信息
交 交通方式　网 相关网址　时 营业时间　票 参观门票　费 费用　地 地点位置　址 详细地址　电 相关电话　注 备注事项

星号符号代表推荐等级
★★★★★ 非去不可　★★★★ 不去可惜　★★★ 去了也不错　★★ 有时间再去　★ 顺路经过即可

Chapter 5
分区导览篇

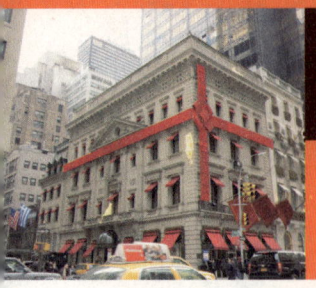

新英格兰与中大西洋

富含文史风韵的重要政经地带

New England and Mid-Atlantic

新英格兰与中大西洋位于美国本土东北方，英格兰的清教徒 17 世纪初来到新英格兰避难，因而渐进殖民开拓出现今日美国的疆土，漫长的岁月也孕育出这区的缅因州、新罕布什尔州、佛蒙特州、马萨诸塞州、罗得岛州和康涅狄格州，美国的历史从此开始被不断述说，文学与哲学的思潮铺陈出今日美国的重要根基，这样的背景让新英格兰区存在超然的灵魂，最大的城市为波士顿，亦是美国最古老的城市之一。同样坐落在东北的中大西洋区，包括纽约州、宾夕法尼亚州、新泽西州、马里兰州、西弗吉尼亚州、德拉瓦州、弗吉尼亚州及不隶属任何一州的华盛顿哥伦比亚特区，其中，世界首屈一指的大都会纽约在此地发光发热，无限精彩的城市内涵令人再三回味，绝对值得一玩再玩。

新英格兰与中大西洋区域图

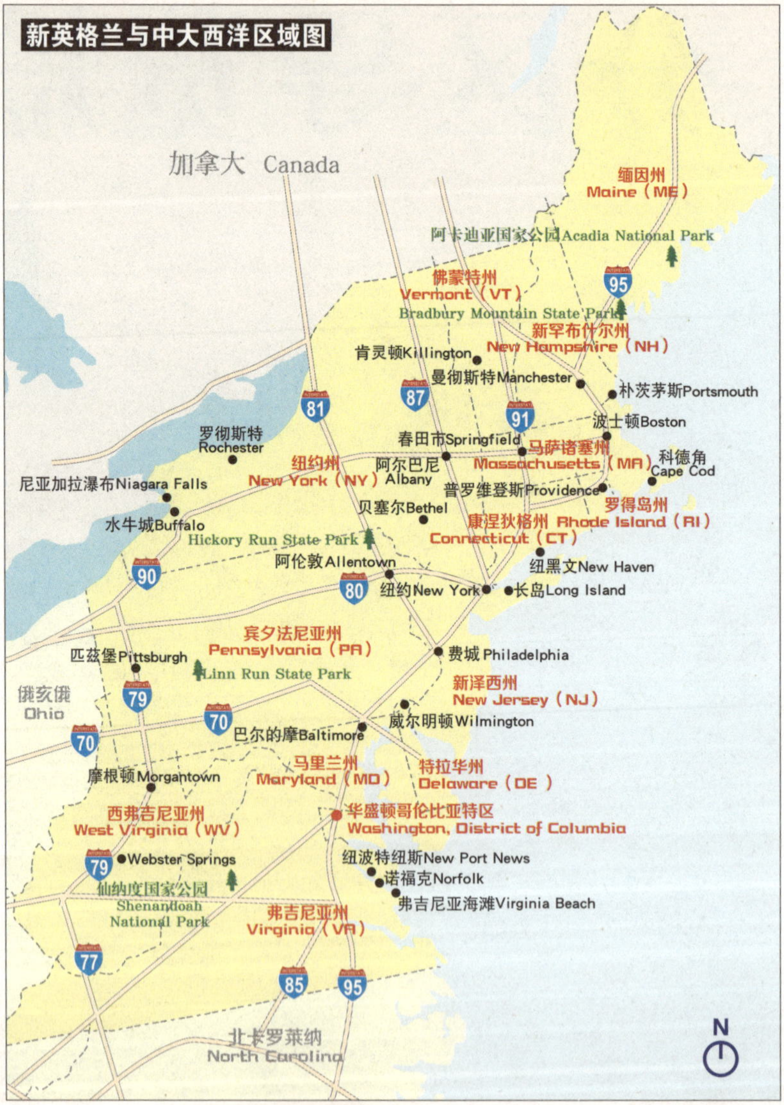

加拿大 Canada
缅因州
Maine（ME）
阿卡迪亚国家公园Acadia National Park
95
佛蒙特州
Vermont（VT）
Bradbury Mountain State Park
新罕布什尔州
New Hampshire（NH）
肯灵顿Killington
曼彻斯特Manchester
朴茨茅斯Portsmouth
81
87
91
波士顿Boston
罗彻斯特
Rochester
春田市Springfield
马萨诸塞州
Massachusetts（MA）
科德角
Cape Cod
纽约州
New York（NY）
阿尔巴尼
Albany
尼亚加拉瀑布Niagara Falls
普罗维登斯Providence
罗得岛州
Rhode Island（RI）
贝塞尔Bethel
水牛城Buffalo
康涅狄格州
Connecticut（CT）
Hickory Run State Park
阿伦敦Allentown
纽黑文New Haven
90
80
纽约New York
长岛Long Island
宾夕法尼亚州
Pennsylvania（PA）
费城Philadelphia
匹兹堡Pittsburgh
Linn Run State Park
俄亥俄
Ohio
79
新泽西州
New Jersey（NJ）
70
威尔明顿Wilmington
巴尔的摩Baltimore
70
马里兰州
Maryland（MD）
特拉华州
Delaware（DE）
摩根顿Morgantown
西弗吉尼亚州
West Virginia（WV）
华盛顿哥伦比亚特区
Washington, District of Columbia
79
Webster Springs
纽波特纽斯New Port News
诺福克Norfolk
仙纳度国家公园
Shenandoah
National Park
弗吉尼亚海滩Virginia Beach
弗吉尼亚州
Virginia（VA）
77
85
95
北卡罗莱纳
North Carolina
N

Chapter5 分区导览篇

华盛顿哥伦比亚特区 Washington, District of Columbia ★★★★★

　　虽然分属于中大西洋区的一部分，介于马里兰州、弗吉尼亚州间，但是华盛顿哥伦比亚特区并不隶属于美国任一州，乃是具有独立象征意义的行政区，同时也是美国的首都，白宫、国会大厦即位于此地，处处可见热爱这个国家的精神象征。世界知名的博物馆也在这里聚集，史密森尼学会旗下的博物馆多半设在华盛顿哥伦比亚特区，包括美国国家历史博物馆（National Museum of American）、国家航空航天博物馆（National Air & Space Museum）和美国印第安纳国家博物馆（National Museum of the American Indian）等，皆可免费参观。

　　除雄伟壮观的建筑物外，因为属副热带湿润气候，华盛顿哥伦比亚特区四季分明，每年年初樱花季时总吸引各地人潮来到潮汐湖（Tidal Basin）欣赏媲美日本东京的盛开樱花。湖畔边的杰斐逊纪念堂（Jefferson Memorial）、FRD纪念碑（FRD Memorial）则与美国历史密切相关。在华盛顿哥伦比亚特区市中心的国家资料馆（National Archives），乍听之下可能有点无趣，但这可是电影《国家宝藏》的重要场景，收藏美国重要的"独立宣言"原稿、总统家谱等，是一处让人完全体会美国建国真谛的宝藏之地。

DATA MAP ▶ p.132
交 主要邻近的机场为 BWI、DCA 和 IAD
旅游服务中心 901 7th Street NW, 4thFloor, Washington, DC 20001-3719
电 (1)202-789-7000 网 http://washington.org

焦点导览

华盛顿纪念碑 Washington Monument

　　在电影《阿甘正传》中女主角珍妮跨过水池跑向阿甘的那一幕，背景就正是这处华盛顿哥伦比亚特区的地标——华盛顿纪念碑。这座方尖碑是世界上用白色大理石建成的最高建筑物，东面有国会大厦、南面有杰斐逊纪念馆、西面是林肯纪念堂，而北面则坐落着白宫。内部可以参观，游客可以登上169米高的瞭望台，俯瞰整个华盛顿哥伦比亚特区。这里同时也是全区最高建筑物。

133

纽约州 State of New York ★★★★★

虽然纽约市几乎成了纽约州的代名词，但在大名鼎鼎的纽约市之外，纽约州仍有多处值得顺游的地区，最著名的就是和加拿大共享的尼亚加拉大瀑布（Niagara Falls）。这个位于北美五大湖区的超惊人瀑布，分成美国瀑布（American Falls）和马蹄瀑布（Horseshoe Falls），其中最有名的就是宽792米的马蹄瀑布，水量丰沛惊人。纽约州的长岛（Long Island）是纽约人到海滩休闲度假的选择之一，在南海岸的琼斯海滩（Jones Beach）每到夏天人潮汹涌，还可至须搭船前往的火岛国家海岸（Fire Island National Seashore）欣赏候鸟，以及那片几乎无人的沙滩美景。在纽约州不能错过的自然景观还有哈德逊河谷（Hudson Valley），这里宁静的田园风光令人难以置信纽约市其实近在咫尺。

奥尔巴尼（Albany）是纽约州的首府，邻近的萨拉托温泉（Saratoga Springs）以温泉、赛马闻名。此外被全世界摇滚乐迷奉为神话的乌兹塔克音乐与艺术节（Woodstock Music & Art Fair），在1969年时即在纽约州的贝塞尔（Bethel）举办，当时所留下的嬉皮、反战精神依旧深深烙印在关切此事人们的心灵，如今当地仍有一块纪念碑，让人在这片草原上感受当时激动人心的精神与音乐。

DATA   MAP ▶ p.132
✈ 主要机场有JFK、LGA等，中国前往纽约有直飞、转机班机可选择
旅游服务中心 🏢 Empire State Development 30 South Pearl Street Albany, N.Y. 12784 ☎ (1)518-292-5120 🌐 http://www.iloveny.com

🔍 焦点导览

纽约 New York

正因为这座聚集全世界人种、文化、饮食与兴趣的城市如此复杂多变，所以几乎所有的游客都能在纽约找到自己喜爱的玩乐之处。大致可分为曼哈顿岛（Manhattan）、布鲁克林区（Brooklyn）、皇后区（Queens）、哈林区（Harlem）和布朗克斯区（Bronx），都可以通过地铁来往其间。曼哈顿岛聚集各样精彩的景点，除了众所周知的洛克菲勒广场、帝国大厦等，切尔西、下东城、东村和格林尼治村等街区都很适合漫步其间发现动人之处。此外布鲁克林区是近年最当红的创意发生基地，也吸引很多嬉皮士前往一探。哈林区的西边则是深度旅行者可前往探索的黑人文化地带。

宾夕法尼亚州 Commonwealth of Pennsylvania ★★★

费城（Philadelphia）、伊利湖岸以及壮丽的群山景致，组合成了宾夕法尼亚州的丰富性。费城和纽约、波士顿都是美国东北部不能错过的城市，可以到国家独立历史公园（Independence National Historical Park）中参观自由钟中心（Liberty Bell Center）那座深具意义的钟，当年《独立宣言》即在这里宣布。全世界最老的街道艾尔弗雷斯小巷（Elfreth's Alley）也位于不远处的旧城区，这里仍保有古老的氛围，林立许多老家具店、服饰店。

DATA MAP ▶ p.132
- 交 PHL、PIT 和 ABE 为主要机场
- 旅游服务中心 址 400 North Street, 4th Floor, Harrisburg, PA 17120-0225 USA
- 电 (1)800-847-4872 http://www.visitpa.com

西弗吉尼亚州 State of West Virginia ★★★

险峻的地势是西弗吉尼亚州的特点，这样的天然条件使得这里的风景名胜特别多，例如新河峡大桥（New River Gorge Bridge）是全世界第二高的公路桥，高到在这里可以进行跳伞活动；底下的溪水则吸引众人前来泛舟，挑战湍急的流水。而孟农加希拉国家森林（Monongahela National Forest）则很适合露营、攀岩和骑越野摩托车探险。不管是步道、赛尼卡岩石（Seneca Rocks）或瀑布景观，都让整个西弗吉尼亚州就像是巨型森林般令人神往。

DATA MAP ▶ p.132
- 交 主要机场为 CRW、BKW
- 旅游服务中心 址 Capitol Complex, Bldg. 6, Room 525, Charleston, WV 25305-0311
- 电 (1)800-982-3386 http://www.wvtourism.com/default.aspx

弗吉尼亚州 State of Virginia ★★★

由于是南北战争的主要战场，弗吉尼亚州遍布了跟这段历史有关的遗迹和雕像。但该州最令人向往的景色，仍属那绿油油的仙纳度国家公园（Shenandoah National Park），这里有古老的庄园、沿途景致优美的公路，以及各种户外活动包括骑马、乘滑翔翼等。西南部的小镇阿宾顿（Abingdon）则以维多利亚风格建筑闻名，是一处至今仍可以体会南北战争时期人们居住条件的地方。

DATA MAP ▶ p.132
- 交 主要机场为 RIC、ORF
- 旅游服务中心 址 901 E Byrd St Richmond, VA 23219 电 (1)804-545-5500 http://www.virginia.org

缅因州 State of Maine ★★

地处美国最深处的东北方、幅员广大的缅因州,不因为寒冷的气候就失去了旅游乐趣,反而以海边金黄色的沙滩、内陆地势精彩的山脉和错杂其间的河流、湖泊、森林,让人千里迢迢前往也甘之如饴,被绝美景色震慑。该州唯一的国家公园——阿卡迪亚国家公园(Acadia National Park),由山沙岛(Mount Desert Island)、贝克岛(Baker Island)等地组成,岩岸显出它处难以睥睨的冰冽洁净感。另外一处肯纳邦克港(Kennebunk port),在夏天是当地人的避暑胜地,可在当地餐厅大啖当地盛产的肥美龙虾与蛤蛎。

DATA MAP ▶ p.132
✈ 主要有 BGR、AUG 机场
旅游服务中心 址 #59 State House Station Augusta, ME 04333-0059 电 (1)888-624-6345 http://www.visitmaine.com

新罕布什尔州 State of New Hampshire ★★★

"Live free, or die"(不自由,毋宁死)是新罕布什尔州的格言,这样坚毅的用词绝对可以代表本州人民的性格,而这句格言也被广泛用在该州的任何用品上,提醒着州民捍卫自由精神。由于位于美国东北方严寒气候地带,新罕布什尔州大部分的区域坐落在山脉上,白山国家森林公园(White Mountain National Forest)在夏天可以划独木舟、露营,秋天赏枫季节群山都是层次各异的黄、红色,到了冬天白雪皑皑下树木披上白衣,有种类似日本藏王树冰壮观且奇异的画面。东南部是滨海平原,全美第三古城朴茨茅斯(Portsmouth)就坐落在此,里面的草莓河岸博物馆(Strawbery Banke Museum)聚集从17至19世纪原封不动的商店或住宅,部分仍在运作,说是博物馆,不如说是一个生气蓬勃的街区。

DATA MAP ▶ p.132
✈ MHT、LEB 为主要机场
旅游服务中心 址 172 Pembroke Rd, Concord, NH 电 (1) 603-271-2343 http://www.visitnh.gov

马萨诸塞州 State of Massachusetts ★★★★

新英格兰地区最负盛名的马萨诸塞州，是一个不管在历史、地理景观上都值得让人深入挖掘价值的州别，美国独立战争就是在此处爆发。尽管曾因波士顿马拉松爆炸事件给当地的安全环境一拳重击，但平时这里仍然十分适合旅游观光。除了首府波士顿，最热门的去处为绝美的科德角（Cape Cod），这座半岛拥有迷人的海滩与古老的小镇，并且有规划完整的闪亮大海自行车道（Shiny Sea Bikeway），当地也提供出租自行车服务。

海外有玛莎葡萄园（Martha's Vineyard）小岛，岛上真的有几处可供人参观的葡萄园，但最美的是海岸线。亚坤那峭壁（Aquinnah Cliffs）呈现红土的颜色，灯塔在这里照耀了无数日子，而邻近的橡树峭壁镇（Oak Bluffs）则是著名的避暑胜地，还可顺游外观奇特的三位一体篷屋公园（Trinity Park Tabernacle）。岛上另一处上岛（Up-Island）则有着绵延的山丘起伏，吸引人们来这里赏鸟、健行。沿着海岸线经过山丘和森林，很容易会遇到当地的野生动物。

DATA MAP ▶ p.132
✈ 最主要的机场为 BOS
旅游服务中心 🏠 10 Park Plaza, Suite 4510 Boston, MA 02116 U.S.A.
☎ (1)617-973-8500 🌐 http://www.massvacation.com

↳ 焦点导览

波士顿 Boston

波士顿是美国东北方除了纽约之外最具旅游价值的城市，在这里古老的历史建筑、文化，以及新兴的创意与活力产业共存共生。主要观光景点聚集在市中心的波士顿公园（Boston Common）附近，多半可以徒步抵达，很适合依赖公共运输工具行动的旅人。此外由于哈佛大学正坐落在剑桥（Cambridge），邻近学校的哈佛广场（Harvard Square）是一处青春洋溢的大学城区，精致的小店、咖啡店和书店林立。

佛蒙特州 State of Vermont ★★★

被缅因州、纽约州和加拿大魁北克省等地包围,佛蒙特州划分为北、中、南三区,全州大部分的土地被森林覆盖,山丘一年四季因气候转变各有风情。最美的时候是秋冬之际,枫叶开始转红而有黄、橙和红色的变化。因为冬天气温往往降到零下,春天又多雨,因此最适合旅游的季节是夏、秋两季,但冬天也吸引众多滑雪爱好者到肯灵顿(Killington)享受滑雪的快乐。枫糖是当地特产。

DATA MAP ▶ p.132
交 主要的机场有 RUT
旅游服务中心 址 6th Floor, Montpelier, VT 05620-0501 电 (1)802-828-3237 网 http://www.vermontvacation

罗得岛州 State of Rhode Island and Providence Plantations ★★

罗得岛州是全美国最小的一州,面积大概只有台湾的1/10,但它在新英格兰区历史上却是第一个向英国宣示独立的州。令人心旷神怡的海湾和岛屿错落其间,乘游艇是当地最盛行的休闲娱乐。首府普罗维登斯(Providence)是美国最早建立的城市之一,因此整座城市洋溢着浓浓的欧陆风情。可以逛逛精品小店、拂着普罗维登斯港口(Providence Harbor)吹来的风。市内最值得一看的是州议会大厦(State House)以大理石支撑的穹顶,或到有"小意大利"之称的联邦丘(Federal Hill)品尝美酒及意大利式佳肴。

DATA MAP ▶ p.132
交 主要机场为 PVD
旅游服务中心 址 315 Iron Horse Way, Suite 101, Providence, RI 02908 电 (1)800-556-2484
网 http://www.visitrhodeisland.com

康涅狄格州 State of Connecticut ★★

有"宪法州"之称的康涅狄格州,是史上首次颁布宪法的所在地,加上也是保险的发源地,听起来是个民风严肃的地区。中央河谷、高地和海岸平原,一路将康涅狄格州在殖民时期留存下的迷人城镇装点得更为精彩。在河滨城市艾赛克斯(Essex),可以搭乘蒸汽火车和内河船,欣赏美丽的康乃狄克河谷(Connecticut River Valley)。耶鲁大学位于该州的纽黑文(New Haven),大学内的钟楼每整点都会报时,并有美术馆、英国艺术中心可游览。

DATA MAP ▶ p.132
交 主要机场为 BDR、HVN
旅游服务中心 址 1 Connecticut 2 Hartford, CT 06103 电 (1)860-256-2800 网 http://www.ctvisit.com

Chapter5 分区导览篇

新泽西州 State of New Jersey ★★

和纽约以铁路交通的新泽西州，最快只要15分钟就能抵达纽约曼哈顿岛，因为不征收购物税，因此吸引不少人顺游，或是在这里选择价钱较亲民的旅馆住宿。然而新泽西州不是纽约的附属地，这里有维多利亚风格的小镇、峡谷和海岸可以一游，也有几个挑战级的高尔夫球场。纽华克（Newark）由于葡萄牙移民众多，最著名的即是南欧佳肴。海岸边的红镇（Red Bank）则因墨西哥移民而洋溢着浓浓的异国风情。

MAP ▶ P132

DATA
交 EWR 为新泽西州主要机场，同时也是前往纽约的主要机场之一
旅游服务中心 址 225 W State St Trenton, NJ 08608 电 (1)609-292-2470 网 http://www.visitnj.org

特拉华州 State of Delaware ★★

全美第二小的州"特拉华州"，也许不够知名，但其实它邻近新泽西州和宾夕法尼西州，美丽的沙滩临着绝美的大西洋。最主要的城市威尔明顿（Wilmington）邻近白兰地酒河谷（Brandywine Valley），散发着乡村的恬适气息。新堡（New Castle）是该州最具特色的小镇，至今仍保留了18世纪的建筑，精致的样貌让人有种置身欧洲的错觉。

MAP ▶ p.132

DATA
交 主要有 ILG 机场
旅游服务中心 址 99 Kings Highway, Dover, DE 19901 电 (1)866-284-7483 网 http://www.visitdelaware.com

马里兰州 State of Maryland ★★

该州最知名的城市巴尔的摩（Baltimore）位于切萨皮克湾（Chesapeake Bay）内，在过去曾是美国的首都，如今虽少了光环，却仍是游人如织的滨水美城。由于治安死角多，观光客主要集中在港口一带，可以搭船从这处美国奇大无比的河口湾上眺望巴尔的摩，或到北部的山上欣赏当地艺术家的手工作品。在马里兰州的东部，有一处村落伊斯顿（Easton），除了可步行游览各个小型博物馆，也可以此为起点骑自行车参观已有近40年历史的水禽节（Waterfowl Festival）举办的结合各种动物、艺术的展览。

MAP ▶ p.132

DATA
交 BWI 为主要机场
旅游服务中心 址 401 East Pratt Street, 14th Floor, Baltimore, MD 21202 电 (1)866-639-3526 网 http://visitmaryland.org/Pages/MarylandHome.aspx

佛罗里达与南部

阳光普照的美式经典风格起源地
Florida and South

有"阳光之州"之称，佛罗里达耀眼的阳光、丰硕的柑橘意象已深植人心。2013年NBA冠军迈阿密热火队发源于此，这里热情洋溢的样貌吸引美国本土、世界游人一探这地理景观多变的墨西哥湾一角。在有如珍珠洒落湛蓝海面的佛罗里达礁岛群，拥有世界级的潜水胜地以及上千座迷人小岛，1号公路贯穿其间的大岛直达美国最靠近古巴的南端。沼泽、海滩和迪斯尼乐园都是此地经典，同样位于南部的北卡罗莱纳州、田纳西州、佐治亚州、肯塔基州、南卡罗莱纳州、阿拉巴马州、阿肯色州、路易斯安那州、密西西比州，是最被视为美国经典象征的地带，其饮食、音乐、人民的生活习惯等，都深具当地不可抹灭的传统色彩。

佛罗里达与南部区域图

佛罗里达州 State of Florida ★★★★★

位于美国东南方的佛罗里达州,东临大西洋,西临墨西哥湾,是热爱阳光、沙滩的挥洒汗水者最向往的旅游地。这里一年四季阳光都很充足,但由于大部分地区受到副热带湿润气候影响,夏天多雨,冬天虽多为15℃左右,但阳光仍相当耀眼。最南边的岛屿群则处于亚热带,夏天时有机会遇到飓风侵袭,人类被雷击的概率全美排名前列,前往旅游时必须注意天气动态,避免在打雷时站在空旷处。除此之外,大部分的时间仍很适合旅游。

整个佛罗里达州可以大致分为东海岸、西海岸、中部、南部和狭地,其中南部激起人们对佛罗里达州的想象。位于南部靠东边的城市迈阿密(Miami),狂欢味十足,聚集形形色色不拘小节的人们,是电视节目常见的取景处。南滩(South Beach)棕榈树随风摇曳,晒成古铜色肌肤的年轻男女做日光浴,市区内因来自古巴、海地等国家的移民的群聚性使然,小哈瓦那区(Little Havana)、椰子小树林(Coconut Grove)都是具有异国特色的街区。该州另一座主要城市奥兰多(Orlando),就是最梦幻的华特迪斯尼世界(Walt Disney World)的所在地,且聚集美术馆、天文馆可游览。

城市之外,南部最典型的景观则是沼泽,绝大部分都隶属于大沼泽地国家公园(The Everglades National Park),可见到沼泽地、田园景致交错,野生美洲短吻鳄就在几步之遥处。提到自然景观,佛罗里达州除了沼泽,东海岸的沙滩也极具吸引力,可可海滩(Cocoa Beach)、新士麦纳海滩(New Smyrna)等地冲浪高手云集,但该区鲨鱼出没频繁,当地巡逻队会依状况发出鲨鱼警报。北方的城市圣奥古斯丁(St. Augustine)保有400余年历史的古镇,至今仍维持住精致西班牙风小镇感。西海岸则濒临墨西哥湾,坦帕(Tampa)即位于此地,坦帕湾(Tampa Bay)沿岸也有美丽的沙滩。

DATA MAP▶p.140
🚇 主要机场有 MIA、TPA、MCO、JAX 和 FLL
旅游服务中心 址 661 E Jefferson St, Suite 300 电 (1)888-735-2872 网 www.visitflorida.com

▼ 焦点导览

佛罗里达群岛 Florida keys

佛罗里达州最南边沿着1号公路一路往南的群岛,是让美国当地人也趋之若鹜的度假胜地。可在大礁岛(Key Largo)浮潜或潜水,继续往南到马拉松岛(Marathon)可见到原公路被摧毁后留下的痕址。而最南端西屿岛(Key West)则是文豪海明威写作灵感的来源地,在这里可参观他过去的居所、常待的酒吧,度过大啖海鲜、狂饮兰姆酒的完美假期。

图片提供/VISIT FLORIDA

北卡罗莱纳州 State of North Carolina ★★★★

四季绿意盎然的北卡罗莱纳州，东岸金黄色沙滩临着大西洋，往西延伸至内陆则地势渐渐升起，全美最美的公路之———蓝岭公路（Blue Ridge Parkway）穿越重重隧道蜿蜒其中，沿着阿巴拉契亚山脉（Appalachian Mountains）与弗吉尼亚州相连。秋天时绵延山岭的森林从绿色转成橙黄色，山谷间时而可见瀑布一冲而下。同处西边一带的大烟山国家公园（Great Smoky Mountains National Park）拥有美国东岸最丰富的原始森林，云雾缭绕，就像一幅迷蒙的写意风景画。

邻近东边州界值得一去的嬉皮山城"艾什维尔"（Asheville），其纯净的水质吸引酿酒厂在这里设立，是美国东岸人轻旅行的首选。因为地形起伏很大，邻近溪流的地方也是急流泛舟的绝佳去处，加上气候宜人的健行旅程，让这里成为户外运动者的天堂。往西车程约2小时处就是北卡罗莱纳州最大城"夏洛特"（Charlotte），其NoDa区有多处美术馆与艺术表演场地。位于中间地带的科研三角洲（Research Triangle）——罗利（Raleigh）、教堂山（Chapel Hill）和杜罕（Durham），因为多所知名大学、科学研究中心坐落于这一带，呈现出大学城青春洋溢的氛围。

DATA MAP ▶ p.140
✈ 主要机场有 CLT、RDU、ILM 和 FAY
旅游服务中心　🏢 301 North Wilmington Street, Raleigh, North Carolina　☎ (1)919-733-4151
🌐 http://www.visitnc.com

南卡罗莱纳州 State of South Carolina ★★★

位于北卡罗莱纳州与佐治亚州中间，南卡罗莱纳州沿岸以平原为主，几乎没有享誉国际的现代大城市，却也保留了数百年前英国殖民地美丽的欧式街弄风情。最值得顺游的景点即是迷人的港湾城市查尔斯顿（Charleston），南北战争的第一枪在这里打响，在殖民时代是全美比较大的城，虽经历往日战火摧残，但至今查尔斯顿仍然以时代姿态走向未来。旅行者在此可步行游历一栋又一栋的古宅，菠萝在这里代表欢迎与好客，也因此南卡罗莱纳州随处可见跟菠萝有关的图像。

从查尔斯顿所处的半岛横越新库珀河大桥（Arthur Ravenel Jr. Bridge），穿过库珀河（Cooper River），欢喜山（Mount Pleasant）就在桥的另一头，同样也保有旧时代的魅力，餐厅供应肥美的海鲜料理。这一带是和海岸平行的堰洲岛地形，棕榈岛（Isle of Palms）、希尔顿沙滩（Hilton Head）和米特尔海滩（Myrtle Beach）等，就错落分布在这广大由湿地和港湾分隔的岛屿间，其中博福特（Beaufort）一旁的海湾水面，特别容易反射出闪闪发亮的美景。

DATA MAP ▶ p.140
✈ 主要机场有 CHS、CAE、ARW
旅游服务中心　🏢 1205 Pendleton St, Columbia, SC 29201　☎ (1)803-734-1700
🌐 http://www.discoversouthcarolina.com

田纳西州 State of Tennessee ★★★★

东边与北卡罗莱纳州共享大烟山国家公园，中部则是一片广阔的高原，密西西比河流经西边与阿肯色州形成自然边界。摇滚乐创始人猫王（Elvis Presley）所居住过的孟斐斯（Memphis）也位于此州，蓝调音乐响遍大街小巷，其故居优雅园（Graceland）、收藏与墓园，以及过去录制多张经典专辑的太阳录音室（Sun Studio）、多座与音乐相关的博物馆也坐落在这座城市。这里的人们总爱在河畔散步，奥弗顿广场（Overton Square）可爱的矮房与不时的户外表演让此地生气勃勃。

田纳西州西部的地势则较为平坦，知名城市纳什维尔（Nashville）位于坎伯兰河（Cumberland River）畔，是美国乡村音乐之都，这里巨大的霓虹招牌、有现场表演的酒吧、乡村音乐名人纪念馆等，都突显了音乐之于田纳西州的重要性。位于最东边的主要城市则为诺克斯维尔（Knoxville），这里巨大闪亮的金色顶端圆球建筑是太阳星球塔（Sunsphere），乃过去世界博览会所留下的建筑。市场广场（Market Square）周围聚集该市主要餐厅、酒吧，散发出虽热闹却闲适的气息。

MAP ▶ p.140

DATA
交 MEM、BMA 是该州主要机场
旅游服务中心 址 25 312 Rosa L Parks Ave, Nashville, TN 37243 电 (1)615-741-2159 网 http://www.tnvacation.com

路易斯安那州 State of Louisiana ★★★★

路易斯安那州几乎一半的土地被森林覆盖，地处亚热带，夏季较为湿热，但不至于影响到旅游的舒适度。新奥尔良（New Orleans）这个狂欢气息浓厚的爵士起源地，虽然在 2005 年时受到飓风大规模的破坏，但重建后已恢复原本活泼的样貌。由 80 个街区组成的法国区（Vieux Carré）是新奥尔良最古老的历史街区，由于受到飓风影响较小，仍保存得相当完整。酒吧传出爵士音乐和饮酒的喧闹声，散发出新奥尔良典型的不羁情调。新奥尔良之外的地区则较为静谧，在南边多为沼泽地带，旅行者可以到巴拉塔里保护区（Jean Lafitte National Historical Park and Preserve）划独木舟，或参加导览观赏短鼻鳄鱼。

由于 40 多万使用法语交流的凯金族群（Cajuns）多居住于路易斯安那州南部，因此此区的饮食与文化有着显著的不同，旅行者可以到拉法叶（Lafayette）大啖凯金族群的海鲜美食，并且参观文化中心阿卡迪亚（Acadian Culture Center）以更了解当地习俗。

MAP ▶ p.140

DATA
交 主要机场为 MSY
旅游服务中心 址 529 St. Ann Street, New Orleans, LA 70116 电 (1)504-568-5661 网 http://www.louisianatravel.com

阿肯色州 State of Arkansas ★★

一般来说要到这全美唯一出产钻石的阿肯色州不太容易，尽管在邻近盛行观光的州别包围下，但阿肯色州仍以它的自然美景取胜。首府是小岩城（Little Rock），河畔林立许多气氛悠闲的餐厅及步道，而当地的温泉国家公园（Hot Spring National Park）则拥有约47座温泉，在气候较冷的冬天时很适合去泡温泉。另有森林和瀑布景观可以欣赏。

DATA MAP ▶ p.140
交 主要机场有 LIT、NSA
旅游服务中心 址 1 Capitol Mall·Little Rock, Arkansas 72201 电 (1)501-682-7777
网 http://www.arkansas.com

佐治亚州 State of Georgia ★★

CNN、可口可乐、亚特兰大（Atlanta），这些在佐治亚州发迹，或最主要的交通枢纽城市，其名气远远高于州本身。这里也是美国人权斗士马丁·路德·金的家乡。佐治亚州被南部其他5州及大西洋围绕，最大的城市亚特兰大是在美国境内转机常会碰到的城市，由于不断扩张，摩天大楼林立，市区（Downtown）是主要金融商业区，小五星区（Little Five Points）孕育当地次文化，中城区（Midtown）则聚集精品店，弗吉尼亚高地区（Virginia-Highland）散发着精雕细琢后的气质和品位，而巴克海区（Buckhead）则是主要高级娱乐发生地。除了热闹的城市外，佐治亚州的海岸线则以原始风貌著称，给予野生动物良好的生存环境。

DATA MAP ▶ p.140
交 最大的机场为 ATL
旅游服务中心 址 75 Fifth Street, N.W., Suite 1200 Atlanta, GA 30308 电 (1)404-962-4000 网 http://www.exploregeorgia.com

阿拉巴马州 State of Alabama ★★

有"茶花州"之称的阿拉巴马州，最具代表性的旅游景点大都与种族历史有关。20世纪50年代种族冲突几乎一触即发，今天旅行者可以在主要城市伯明罕（Birmingham）的伯明罕民权协会（Birmingham Civil Rights Institute）了解美国种族隔离、人权运动的历史。城市周边有一处太空火箭中心（US Space & Rocket Center），深富教育意义。此外北边的罗素洞穴（Russell Cave National Monument）是该州喀斯特地形所造成的神秘洞穴，可参加行程进入探险，是该州最有名的自然景点。

DATA MAP ▶ p.140
交 从中国可搭机至 BHM 机场连接各其他景点
旅游服务中心 址 401 Adams Ave Montgomery, AL 36104 电 (1)334-242-4169 网 http://alabama.travel

肯塔基州 State of Kentucky ★★★★

精彩的赛马、辽阔的牧场和世界最大的地底洞穴,这些风格各异的景象在肯塔基州并存。地理位置上处于南部与北部的中心地带,别名是蓝草州,肯德基、波本威士忌都是肯塔基州最广为人知的骄傲。路易斯威尔(Louisville)位于俄亥俄河河畔,全州最盛大的赛马大会于5月在这里举行,平时繁忙的金融街区和具有小镇情调的安静街区,正端出店家自酿的美味啤酒和异国料理。供人们品尝约1小时车程外的蓝草镇,遍布景色绝美的青葱草地,纯种骏马便在这里培育成赛马。

从列克星敦(Lexington)出发向北前进,抵达的就是闻名全球的波本威士忌酒乡,1789年就酿造出首桶波本威士忌,在当地有博物馆及酒厂可以参观,可以到巴兹镇(Bardstown)选一家最有特色的酒厂,了解波本威士忌酿造的过程及在原产地品尝,每年9月当地还有威士忌狂欢节。在肯塔基州最惊人的景象莫过于猛犸洞国家公园(Mammoth National Park),该猛犸洞为全世界最大的洞穴,至今仍没有人知道这洞穴有多大,游人一定要参加行程才能进入,洞穴内景象绝对令人震撼。

DATA MAP▶p.140
✈ 主要机场为 CVG、SDF
旅游服务中心 址 22 500 Mero St, Frankfort, KY 40601 ☎ (1)502-564-5930 网 http://www.kentuckytourism.com

密西西比州 State of Mississippi ★★★

密西西比河(Mississippi)大部分的流域皆位于密西西比州西部边界,该州可以说是整个美国南方传统文化的缩影地带,不得不提的南北战争在这里出现了决定性的转折点。过去密西西比州种族极端对立,种族冲突渐逝后至今游人仍可通过不同角度在南方文化研究中心(Center of the Study of Southern Culture)了解南方的文化与历史,包括蓝调音乐。密西西比州是猫王的出生地,小镇"图珀洛"(Tupelo)充满关于猫王的各种逸事;另一处小镇"牛津"(Oxford),学术、文学气息浓厚,广场书店(Square Books)即是一处可轻易领略文学气息的有品位的书店。

61号公路在过去是密西西比州蓝调歌手攒钱的道路,在经济大恐慌时蓝调歌手离开南部至北边发展,至今热爱音乐文化的人仍会到此寻找历史的蛛丝马迹。密西西比三角洲(Mississippi River Delta)的克拉克斯戴尔(Clarksdale)于夏日时会举办蓝调音乐节,三角洲蓝调音乐馆(The Delta Blues Museum)也坐落于此。南部濒墨西哥湾的海滩则拥有气候宜人的沙滩以及数座赌场。

DATA MAP▶p.140
✈ 主要机场为 GTR、TUP
旅游服务中心 址 P.O. Box 1705, Ocean Springs, MS 39566-1705 ☎ (1)601-446-6345 网 http://www.visitmississippi.org

得克萨斯州、北美大平原与中西部

场面壮阔、精彩的无尽天然极致美景

Texas、Great Plains and Midwestern

提起得克萨斯州，就会让人联想起西部牛仔，事实上这片面积比法国还大的州，各区存在着截然不同的面貌。首府奥斯汀（Austin）有"世界现场音乐之都"的称号，音乐文化盛行；西部有广袤的沙漠、仙人掌和滚滚黄沙，就正如电影中"美国西部"画面呈现的典型西部感；往北的北美大平原——北达科他州、南达科他州、俄克拉荷马州、堪萨斯州、内布拉斯加州、爱荷华州、密苏里州，大部分至今仍保留着粗犷的地貌景观，由于气候较其他地区严寒，有冰川、高原、河谷和惊人的地理景观，吸引游人到此；至于围绕着五大湖区的中西部，则由印第安纳州、密歇根州、明尼苏达州、俄亥俄州、威斯康星州和伊利诺伊州组成，大都会芝加哥即坐落于此，在建筑精彩度与博物馆典藏上傲视全国。

得克萨斯州、北美大平原与中西部区域图

Chapter5 分区导览篇

得克萨斯州 State of Texas

★★★★

得克萨斯州面积之大，足以傲视许多欧洲国家，是美国面积第二大的州，仅次于阿拉斯加，也因此地理景观极为丰富，人民的性格也颇有独立自我之感，甚至每一区都各持差异性大的己念与坚守。北临美国南部、西南部各州，南临墨西哥湾，湾边靠近路易斯安那州的部分是湿地，再往南一些则可看到椰子树摇曳生姿，典型的度假胜地就在不远处。往内陆去则是绵延的丘陵，干燥的气候让此地呈现"西部拓荒片"中常见的荒野感，皮靴的招牌遍布各商店。至于北部则较为绿意盎然。

休斯敦（Huston）和奥斯汀是旅行者到得克萨斯州的主要目的地或中继点，尤其近年因为篮球健将林书豪成为 NBA 休斯敦火箭队一员，也带动不少篮球迷前往这以往较少中国人前往的城市。除了看球，由于休斯敦的公共运输交通便利，要前往剧院看场百老汇并非难事，或到蒙特罗斯区（Montrose）的休斯敦美术博物馆（Museum of Fine Arts）、休斯敦自然科学博物馆（Houston Museum of Natural Science）以及赫尔曼公园（Hermann Park）参观或游览。城市之外，想要见到最正宗的牛仔可往沃斯堡（Fort Worth），看一场牛仔竞技，或在任何一处品尝得克萨斯州独有的美墨料理。

图片提供／Texas Tourism

图片提供／Kenny Braun

图片提供／Kenny Braun

DATA MAP ▶ p.146
✈ HOU、AUS 为主要机场
旅游服务中心 ▶ 1100 San Jacinto, Austin, Texas 78701 ☎ (1)512-463-2000
🌐 http://www.traveltex.com

图片提供／Kenny Braun

➜ 焦点导览

奥斯汀 Austin

奥斯汀是得克萨斯州最有活力的城市，同时也是该州首府。奥斯汀不只每年春天的"西南偏南音乐节"（SXSW）时才很热闹，平常就算是走在街上、去买菜，都有可能见到各种音乐表演，特立独行的人们也在这里找到了归属。所有这些和一般人对得克萨斯州的传统保守印象大相径庭。市区内的得克萨斯州州立历史博物馆（Bob Bullock Texas State History Museum）通过互动装置让人们更加了解得州文化。每当黄昏时也可以在城市中欣赏蝙蝠，届时上千只黑漆漆的蝙蝠会在天空呼啸而过。

伊利诺伊州 State of Illinois ★★★★★

东北岸濒密歇根湖（Lake of Michigan），以摩天大楼闻名的芝加哥（Chicago）就位于伊利诺伊州。到芝加哥一定要做的事就是搭船游河，欣赏沿岸高耸入云的摩天大楼，拍摄自成一格的天际线，以及吃芝加哥特有的超多汁厚片比萨，并且到芝加哥美术馆（The Art Institute of Chicago）、谢德水族馆（Shedd Aquarium）和阿德勒天文台（Adler Planetarium & Astronomy Museum）等景点参观。另外还有菲尔德博物馆（Field Museum），因据说拥有目前世界上发现的最大的暴龙化石，而吸引很多人前往参观。

不管是舰艇编队、军机飞行表演或举行蓝调音乐节等，芝加哥全年活动与节庆精彩丰富。又由于芝加哥是临水城市，沿湖道路是骑自行车者的天堂，可以顺着北大街沙滩（North Avenue Beach）漫游这座美好的城市。在伊利诺伊州的北部，主要的景观是大山大水，而中部则以农场为主，其中皮奥里亚（Peoria）小镇的湖岸洋溢着慵懒的情调。伊利诺伊州首府春田市（Springfield）由于前总统林肯曾居住过，因此处处可以见到跟林肯有关的保护区、纪念商品。

DATA MAP▶p.146
✈ 主要机场为 ORD、MDW
旅游服务中心 址 500 E. Monroe Springfield, IL 电 (1)217-785-6276 网 http://www.enjoyillinois.com

印第安纳州 State of Indiana ★★

若使用火车为主要交通工具穿越美国，中继点印第安纳州的首府印第安纳波利斯（Indianapolis）极可能是免不了会经过的一站。印第安纳州有"保守之州（Hoosier State）"之称，是叛逆形象影星詹姆斯·迪恩（James Dean）的出生地。印第安纳州最吸引人之处是赛车活动，曾经举办过一级方程式赛车，在名人堂博物馆（Hall of Fame Museum）中展示近百台经典赛车。市区内的内战博物馆（Civil War Museum）展出的主题围绕着南北战争的影响与该州的理念，是个可以静下心思考种族议题的好去处。

印第安纳州北部邻近湖区的地带是相较于南部惊人的石灰岩洞景观的，该州最吸引人的户外游憩区域。印第安纳州沙丘国家滨湖区（Indiana Dunes National Lakeshore）在夏天天气宜人，不纯粹只有湖畔景致可以欣赏，许多人会健行穿越沙丘和草原树林。阿米希教派在这里也建立起自己的社区，虽然阿米希教派（Amish）有自己的传统生活方式，但一般游客仍能到他们开的餐厅、手工物小店体会阿米希教徒的信仰。

DATA MAP▶p.146
✈ 主要机场为 IND
旅游服务中心 址 1 N Capitol Ave, Indianapolis, IN 46204 电 (1)317-232-8860 网 http://www.in.gov/visitindiana

密歇根州 State of Michigan ★★★

被五大湖区其中的四个湖围绕、贯穿的密歇根州，可以分为上半岛（Upper Peninsula）和下半岛（Lower Peninsula），两者以麦基诺大桥（Mackinac Bridge）连接，桥上可以看见半岛及周边湖面上的小岛群，优美的风光无懈可击。邻近的麦基诺城（Mackinaw City）是一座典型的观光小镇，遍布纪念品店与糖果商店。在麦基诺城可以搭乘渡轮前往麦基诺岛，岛上最值得一看的即是保存良好的麦基诺堡垒（Fort Mackinac），以及天然石灰石形成拱门状的拱门石（Arch Rock）。岛上没有汽车，只能靠步行、搭马车或骑自行车。

底特律（Detroit）机场是重要转运点，但当地经济萧条后已不适合旅游。事实上密歇根州最可贵的是自然景观，如苏必利尔湖（Lake Superior）的彩画岩国家滨湖保护区（Pictured Rocks National Lakeshore）有绝美的砂岩崖，可搭游船或划独木舟欣赏反射出金黄色泽的悬崖，或是背起行囊花上数天行走适合专家级健行者走的湖岸步道（Lakeshore Trail）。

DATA MAP▶p.146
交 最主要机场为 DTW
旅游服务中心　址 300 N. Washington Sq., Lansing, MI 48913　电 (888)784-7328　网 http://www.michigan.org

明尼苏达州 State of Minnesota ★★★

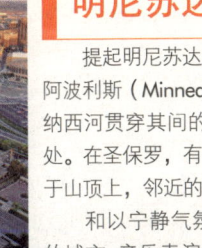

提起明尼苏达州绝对不能错过的两个城市就是圣保罗（St. Paul）和明尼阿波利斯（Minneapolis），因为它们十分邻近且不断扩张，形成了一处由田纳西河贯穿其间的大都会区，但圣保罗和明尼阿波利斯各有独到的迷人之处。在圣保罗，有一座圣保罗大教堂（Cathedral of St Paul），这座教堂位于山顶上，邻近的古老街区很适合步行，到了晚上灯光一打显得气势恢宏。

和以宁静气氛著称的圣保罗截然不同，明尼阿波利斯则是较为喧闹的城市，音乐表演、前卫艺术聚集此，街道上人们在露天座位享用晚餐，夏天时选择一个有趣的庆典参加，到步行者艺术中心（Walker Art Center）欣赏20世纪以降艺术的精彩之处。邻近的雕刻公园则竖立一些当代地景艺术作品。夏天可以在风景秀丽的东南部静赏湖、峡谷风光，到了冬天明尼苏达州则非常寒冷，但也因此适合举办冰上运动比赛。

DATA MAP▶p.146
交 主要机场为 MSP
旅游服务中心　址 121 7th Place E, Metro Square, Suite 100, St. Paul, MN 55101
电 (1)651-296-5029　网 http://www.exploreminnesota.com/index.aspx

威斯康星州 State of Wisconsin ★★★

提到威斯康星州，不少人会直接联想到鬼屋，关于鬼屋的传说在当地也很盛行，但其实威斯康星州最容易见到的是乳牛。在这片空气清新的土地上，不仅有牧场，还有最引人入胜的五大湖畔美丽的景色。密尔瓦基（Milwaukee）是该州最美丽的城市，类似芝加哥，也有特殊的建筑，如外形设计就像鸟儿展翅的密尔瓦基美术馆（Milwaukee Art Museum），美术馆展出品和外观都极具看头。

爱喝啤酒的人们可以在当地找到当地人才知道的啤酒厂参观，并且一尝最新鲜的啤酒；邻近密尔瓦基市有重型摩托车迷参观后一定会热血贲张的哈雷摩托车场，游人可以在开场时间前往一探究竟。北部则是人烟稀少的自然地带，因为较为偏僻，所以人们可以在此找到全然的度假感，不管是滑雪、钓鱼，或是乘橡皮艇探险，都能用轻松的方法体会自然的美丽。

DATA MAP ▶ p.146
✈ MKE、MSN 为主要机场
旅游服务中心 址 201 West Washington Avenue, PO Box 8690, Madison WI 53708-8690 电 (1)608-266-2161 网 http://www.travelwisconsin.com

俄亥俄州 State of Ohio ★★★

五大湖区间的俄亥俄州，游客来此不管是到北方的伊利湖畔（Lake Erie）享受湖滨之美、在克利夫兰市（Cleveland）参观摇滚名人堂（Rock 'n' Roll Hall of Fame），或是深入阿米希（Amish）社区试图了解无科技的生活，都可以适得其所挖掘到喜爱的那一面。最大城市克利夫兰就位于伊利湖畔，游客可在仓库区（Warehouse District）从白天狂欢到深夜，或者在五大湖科学中心（Great Lakes Science Center）来一场适合亲子的机会教育，透彻了解五大湖区的生态。

俄亥俄州另一座知名的城市为辛辛那提（Cincinnati），该城有知名的棒球队驻点。临着俄亥俄河而兴的辛辛那提，其喷泉广场（Fountain Sq）是主要的逛街地带，邻近此处有当地艺术中心及视野开阔的高塔，为漫步采风的好去处。主要的自然景观则位于东南部，当年莱特兄弟就是在这一带研发飞机的原型，附近的黄泉镇（Yellow Springs）是游人至此的据点之一。

DATA MAP ▶ p.146
✈ CMH、CLE 为主要机场
旅游服务中心 址 P.O. Box 1001, Columbus, OH 43216-1001 电 (1)800-282-5393 网 http://consumer.discoverohio.com

Chapter5 分区导览篇

北达科他州 State of North Dakota ★★★

景致与南达科他州大同小异,但北达科他州又更荒凉一些。整个北达科他州地势平坦,在城市之外,野生动物也是值得驻足欣赏的目标,当地人除了过着自给自足的生活,也会带领游客一起前往他们私房的猎场景点狩猎,或是体验溪流钓鱼。该州最受欢迎的景点是罗斯福国家公园(The Odore Roosevelt National Park),在这里可以见到恶地景观以及北美大平原的壮阔景致,野牛和大角羊在这里时有所见,由于游人不多,更可以感受到自然原始给人的震撼。美国的原住民文化是值得一探的宝藏,在北达科他州就有一处印第安人保留区,纪念当年气势恢宏的印第安人领袖"坐着的公牛"(Sitting Bull);而正在兴建的另一处以此领袖的脸为原型的"坐着的公牛纪念区"(Sitting Bull Monument)则位于南达科他州。

DATA MAP▶P146
✈ 主要机场为 FAR、BIS
旅游服务中心 ⌂ 1600 E. Century Ave. Suite 2 PO Box 2057, Bismarck, N.D. 58502-2057 ☎ (1)701-328-2525 🌐 http://www.ndtourism.com

南达科他州 State of South Dakota ★★★

说南达科他州中有类似月球表面的地形并不稀奇,但说到此景观一望无际才够令人震撼。南科斯他州位于北美大平原,西边则紧临地势高耸的落基山脉,沿着90号州际公路行驶其间,是最容易游览此州的方法。著名的美国总统山国家纪念公园(Mt. Rushmore National Memorial)就位于此州。一开始兴建是因为想在这偏远地带吸引游客,如今证明这一政策完全正确,很多游客就是因为此地大老远从黄石公园驱车来到,并且顺带游览寸草不生的恶地国家公园(Badlands National Park)。

南达科他州的南部则较生气勃勃,西南方的风洞国家公园(Wind Cave National Park)森林密布,风蚀的洞穴藏匿其间,有不少天然的隧道。该州另一处同样具有洞穴景致的自然保护区是宝石洞国家纪念馆(Jewel Cave National Monument),这里有一处闪耀的结晶体的美丽洞穴值得一探。喜爱野生动物的人们到了南达科他州一定要到卡斯特州立公园(Custer State Park)看成群的美国野牛和可爱的驴子。

DATA MAP▶p.146
✈ FSD、RAP 是主要机场
旅游服务中心 ⌂ 711 East Wells Avenue, c/o 500 East Capitol Avenue, Pierre, SD 57501-5070 ☎ (1)605-773-3301 🌐 http://www.travelsd.com

俄克拉荷马州 State of Oklahoma ★

龙卷风曾经摧毁了俄克拉荷马市（Oklahoma City）、摩尔市（Moor）及邓肯市（Duncan）等部分地区，因此这些地方并不适合前去旅游。然而俄克拉荷马州西部的无际草原则是天灾也摧毁不了的美景，有"母亲之路"之称的66号公路过去行经于此，如今游人则可在埃尔克城（Elk City）的66号公路国家博物馆（National Route 66 Museum）了解到当年人民仰赖的这条重要道路至今为何仍被人不断述说成经典。

DATA MAP ▶ p.146
交 OKC、TUL 为主要机场
旅游服务中心 址 120 N. Robinson Avenue, 6th Floor, P.O. Box 52002, Oklahoma City, OK 73152-2002 电 (1)800-652-6552 网 http://www.travelok.com

堪萨斯州 State of Kansas ★★

位于美国中心点的堪萨斯州，其草原辽阔，满坑满谷的向日葵迎光闪耀；另一种风情则是无边无际的金黄色小麦田。由于属于地中海式气候，气候宜人，使得堪萨斯州的农田景致长久美丽。首府威奇塔（Wichita）的老城（Old Town）有一处充满西部风情的牛仔镇（Old Cowtown）。除了传统况味外，堪萨斯州也聚集相当活泼的艺术与文化样貌，可选择在此沿着公路行驶欣赏周边美景。

DATA MAP ▶ p.146
交 MCI 为主要机场
旅游服务中心 址 534 S. Kansas Avenue, Ste. 1210, Topeka, KS 66603-3434 电 (1)785-296-5059 网 http://www.travelks.com

内布拉斯加州 State of Nebraska ★★

内布拉斯加州没有足以让人得从中国专程飞去看的景点，但若人已经在北美大平原一带，就可以沿着公路行驶其间，随意驶近当地小镇，或许有意想不到的收获。例如史前巨柱（Carhenge）它们是由34辆车子堆高而成、模仿历史古迹的有趣作品。若只想逛城市，则可以前往东边的奥马哈（Omaha）、林肯（Lincoln），虽然它们是该州主要城市，具有现代化城市感，但仍有被岁月磨得平亮的石子路，部分街道保留古朴的小镇风。

DATA MAP ▶ p.146
交 OMA、LNK 为主要机场
旅游服务中心 址 301 Centennial Mall South • PO Box 98907 • Lincoln, NE 68509-8907
电 (1)685-098-907 网 http://www.visitnebraska.com

爱荷华州 State of Iowa ★★

由于冬天时满是风雪，爱荷华州虽然很少会成为中国人赴美旅行的目的地，但著名的麦迪逊之桥（Madison County's Bridge）就位于此州的麦迪逊郡（Madison County），吸引不少对电影《廊桥遗梦》情有独钟的影迷朝圣。每年10月当地会举办廊桥节（Covered Bridge Festival），不仅有麦迪逊桥的行程可以参加，还有经典老车、美食摊位可以让人感受到当地风情和小吃。

首府狄蒙（Des Moines）是一座典型的城市，除了街弄的饮食聚集地外，亦可以参观爱荷华历史大厦（Iowa Historical Building）。正因为爱荷华州的空灵感，南部的吠陀城（Maharishi Vedic City）是一处倡导和平、印度芳香疗法及有机素食的地区，很适合前往沉浸其中。邻近的一处阿玛娜聚居地（Amana Colonies），在19世纪由德国神秘灵感主义者（Inspirationist）建立，神秘灵感主义为一种灵感至上的宗教，至今人们可以参观阿玛娜聚居地特有的村落，并且品尝地道的德国美食。

MAP ▶ p.146

DATA
交 DSM、MCW 为主要机场
旅游服务中心 址 200 East Grand Avenue, Des Moines, IA 50309
电 (1)515-725-3084 网 http://www.traveliowa.com

密苏里州 State of Missouri ★★★

密苏里州是大平原地带风景最秀丽的一州，高原、峡谷和丰富有趣的城镇，让这里成为美国中心地带最饶富旅游乐趣的州别。圣路易斯（St. Louis）的拱门穹顶（Gateway Arch）是一座外形像拱门的弯曲银色条状建筑，它的象征意义与美国殖民历史有关，代表进军西部拓荒的门户。这座城市的公园也奇大无比，园内有溜冰场、博物馆、游湖和动物园可参观。

另一处堪萨斯城（Kansas City）最吸引人的是喷泉景观，数量之多他处少见，此外也聚集画廊、爵士乐等相关空间和艺术。在密苏里州中心地带，则有不少较为静谧的景点，例如凯蒂小径州立公园（Katy Trail State Park），在此可以步行在绝美的山丘上，还能顺道逛葡萄酒酿酒厂。在独立镇（Independence）有一处看似蛋卷冰激凌的教堂——圣殿（Temple Lot），亦是看点，是基督教的一派别的总部。

MAP ▶ p.146

DATA
交 MCI、STL 为主要往来机场
旅游服务中心 址 290 301 W High St, Jefferson City, MO 65101 电 (1)573-751-4133 网 http://www.visitmo.com

落基山脉与西南部

地理景观丰富多变、有趣的自然教室
Rocky Mountain and Southwestern

　　全美国最令人神往的自然景观，多坐落于绵延约 4 800 公里的落基山脉一带，在美国本土境内横跨科罗拉多州、蒙大拿州、怀俄明州、爱达荷州，拥有全美国最壮阔的国家公园以及场面浩大的峡谷与河川，曾在地理课堂上学习的美国地理知识，到落基山脉旅游时绝对可以派上用场，那些原本遥不可及的天然景观在眼前真实呈现。西南部的地理景观，则是一片在阳光照耀下呈现金黄色的红土，包括有拉斯维加斯的内华达州、亚利桑那州、新墨西哥州和犹他州，坐落多处以峡谷景致闻名的国家公园，荒芜的沙漠更是这里最独特的景色，令人赞叹美国各地多元的风貌。

落基山脉与西南部区域图

Chapter5 分区导览篇

科罗拉多州 State of Colorado ★★★★★

科罗拉多州可能是全美中心地带最美的州，落基山脉贯穿其中，一年四季气候分明，因此不同时节各有其美丽之处。春、夏、秋季适合登山健行、划船，到了冬天这里则适合到山上滑雪。尽管待在城市里面也少有乌烟瘴气，但这里有更清新与洁净的空气和视野。该州最大的城市丹佛（Denver）适合漫步旅行，该城位于落基山脉一边的平原上，无时无刻不可以眺望白雪皑皑的山头。主要逛街道路在16街，矮红砖建筑林立的街区广场（Larimer Square）是市里最适合小酌的地方。对音乐有兴趣者则可以到丹佛以北的红岩公园与露天戏院（Red Rocks Amphitheatre），在大自然赐予的红砂岩宝藏边聆听音质极佳的演出。

在丹佛周边还有几座值得一游的城市，落基山脉山脚下的圆石城（Boulder）聚集大学生、嬉皮士和脱离世俗的人们，洋溢着不拘小节的气氛。科罗拉多州中部的斯廷博特斯普林斯（Steamboat Springs）在夏天是迷人的古老小镇，到了冬天则摇身一变成为绝美的滑雪度假胜地。布雷肯李奇（Breckenridge）和韦尔（Vail）也同样以不同等级的滑雪条件闻名。然而中部虽美，但夏季因气候干燥，偶有山火燃烧仍须注意安全。在南边的大沙丘国家公园（Great Sand Dunes National Park and Preserve）则呈现与其他地方大山大水不同的景象，宛如山谷间乍现的寂寥沙漠。

DATA
✈ **DEN** 是最主要的对外联络机场
旅游服务中心 址 2700 1625 Broadway, Denver, CO 80202 电 (1)303-892-3840 网 http://www.colorado.com

MAP ▶ p.154

▼ 焦点导览

落基山脉国家公园 Rocky Mountain National Park

北美非常重要的地理景观落基山脉，从加拿大往南贯穿至新墨西哥州，约4 800公里。在科罗拉多州这一段则有受到保护的国家公园，共有5处入口，极尽壮丽的山脉足以让人体会美国地理景观之浩瀚，有许多不同难度的步道及地区让旅人选择前往，例如前往无夏群山（Never Summer Mountains）健行就得花好几天的时间。落基山脉国家公园从1915年成立至今，其高山湖泊、冻原和冰河依旧维持它原有的绝美景致。

内华达州 State of Nevada ★★★★

在 20 世纪 20 年代经济大萧条后，内华达当地政府为了恢复原有的繁荣，开启了当地博彩业的新生命，色情行业在该州也十分开放，让内华达州在原意"被冰雪覆盖的山"外，最知名的一面就属一家一家华丽的赌场。世界最知名的赌城拉斯维加斯（Las Vegas）位于内华达州的东南方，另一处赌博胜地雷诺（Reno）则位于西北方，各占据一头，但拉斯维加斯除了让人有机会一掷千金之外，例如埃及金字塔、巴黎铁塔等各种世界奇观的复制缩小版也聚集在此，更别说各出经典的百老汇剧在这里天天上演。

只要提到纸醉金迷这档事，好莱坞电影往往会以拉斯维加斯为背景。内华达全州的景色大都相当萧瑟，经典的沙漠景致、终年积雪的高山和峡谷让内华达州绝对不是一处气候宜人的州别，事实上这里的平地在夏季十分炎热，是全美最干燥的州之一。在拉斯维加斯与雷诺之外，户外运动爱好者也可以找到所好，在冬天前往死亡谷国家公园（Death Valley National Park）露营、到胡佛水坝（Hoover Dam）游览，而每年夏天疯狂不羁的节日"燃烧人节"（Burning Man）会在沙漠建立限定一周时间的虚构城市。

DATA   MAP ▶ p.154
✈ 主要机场 LAS 是前往拉斯维加斯最近的机场
旅游服务中心 地 5600 555 E Washington Ave, Las Vegas, NV 89101 电 (1)702-486-2426 网 http://www.travelnevada.com

亚利桑那州 State of Arizona ★★★★

亚利桑那州有沙漠、科罗拉多高原以及南部的森林，当然不尽然只有人尽皆知的沙漠景观，寂寥的广漠上还有仙人掌孤零零地生长着，响尾蛇与毒蝎藏匿在沙漠中伺机而动。广大的索诺兰沙漠（Sonoran Desert）位于西南部，莫哈韦沙漠（Mojave Dese-rt）也位于西边，在春天时沙漠植物野花绽放。来到亚利桑那州旅游，通常都会以凤凰城（Phoenix）为基点，因此这座城市宛如沙漠中的巨型绿洲，遍布度假村、高尔夫球场和购物中心。

另一座游人流连忘返的城市图森（Tucson），群山环绕，是散发西班牙小镇风情的亚利桑那州第二大城。知名的大峡谷国家公园（Grand Canyon National Park）即位于亚利桑那州西北边，一般游客可选择从北缘或南缘进入，欣赏科罗拉多河切割形成的无敌壮观峡谷。由于南缘观光设施较齐全，多数游人选择在此欣赏大峡谷。若站在高处欣赏峡谷不过瘾，当地则有科罗拉多河游船的行程，花上数天在谷底探险，从不同角度欣赏大峡谷之美。

DATA   MAP ▶ p.154
✈ 主要机场为 PHX
旅游服务中心 地 1110 W Washington St Phoenix, AZ 85007 电 (1)602-364-3700 网 http://www.arizonaguide.com

Chapter5 分区导览篇

新墨西哥州 State of New Mexico ★★

曾经受墨西哥统治的新墨西哥州，与其他州不同的是受到拉丁文化影响极深，至今当地仍有两种官方语言——英语、西班牙语，盎格鲁白人与拉丁裔种族比为1:1。在新墨西哥州，可以很容易地感受到浓浓的拉丁风情，红砖建筑矗立在地势各异的红土地或沙漠上。阿布奎基（Albuquerque）是该州人口最密集的城市，行驶在66号公路上会经过此处，壮观的桑迪亚山脉（Sandia Mountains）就在城市东边，有一座奇特的响尾蛇博物馆（Rattlesnake Museum），收藏许多响尾蛇标本。此外这里也有缆车可搭乘。

在新墨西哥的东北部，至今仍然呈现一种旧时代的西部风味，很适合漫无目的的旅人前去感受。锡马龙州立峡谷公园（Cimarron Canyon State Park）陡峭的山壁，则又是一种不同于大峡谷的特有景色。新墨西哥的西南部的第二大城拉斯库斯（Las Cruces）旅游的重点，就是那些具有西班牙小镇风情的建筑。邻近城市索科罗（Socorro）则仍留下多处维多利亚式建筑，截然不同的文化背景造就此地景的多样性。对外星人话题有兴趣的人们，则可以到据传曾有UFO坠毁的罗斯威尔（Roswell）探险，每年7月的UFO节庆（Roswell UFO Festival）和地球各地的外星人迷一同拆解谜团。

DATA  MAP▶p.154
交 主要机场有 SAF、ROU
旅游服务中心 址 491 Old Santa Fe Trail, Santa Fe, New Mexico 87501 电 (1)505-827-7400 网 http://www.newmexico.org

犹他州 State of Utah ★★★★

自然景观资源之丰富使犹他州光南边就坐落了5处国家公园，聚集美国最值得一看的峡谷、奇石和广漠等景观，信仰自成体系的摩门教徒也多居住于此，让犹他州虽然没有拥有最适合居民生活的环境，却也让人足以在这里大开眼界。最大的城市为盐湖城（Salt Lake City），到了民风相对保守的盐湖城，可以静下心在圣殿广场（Temple Sq）游览盐湖寺（Salt Lake Temple），其为摩门教的总部，但不开放给特定等级外的非摩门教徒参观；或到车夫历史广场（Wheeler Historic Farm）试图学会怎么挤牛奶。

北边是著名的滑雪场地，帕克城（Park City）曾经主办过冬季奥运会、日舞电影节（Sundance Film Festival），冬季是完美的滑雪季节，春天则吸引健行者前往徜徉，主要街区则有19世纪保留至今的老街道，目前聚集充满魅力的小店。在犹他州一片看似寸草不生的环境中，考古学家发现了为数众多的恐龙化石，如今可以在这里见到化石场所在的恐龙国家纪念地（Dinosaur National Monument），一窥古代生物的珍贵化石，来一趟极富教育意义的古生物之旅。

DATA MAP▶p.154
交 主要机场有 SLC
旅游服务中心 址 1431 S 550 E Orem, UT 84097 电 (1)801-356-9077 网 http://www.utah.com

蒙大拿州 State of Montana ★★★★★

黄石公园坐落于蒙大拿州西南方一隅，仿佛仙境的冰河国家公园占据西北方，蒙大拿州维持一片地广人稀的完美自然生态，只要前往一游，会感觉全身有种洗涤后的活力，郊外随便一个地方都美得令人怦然心动。州内也有不少城市提供舒服的生活环境，例如比林斯（Billings）和波兹曼（Bozeman）虽然繁忙，却带有一丝浪漫闲散的气息，周围很适合人们骑自行车、慢跑，当地的温泉也是一绝。

邻近黄石公园的阿布萨罗卡熊牙荒原（Absaroka beartooth Wilderness），是一处知名度和绝美程度不成正比的自然珍宝，在靠近黄石公园的南侧拥有茂密的林地以及高耸入云的山壁，在极端气候下生长的苔原满布，非常值得驱车前往一游。蒙大拿州的首府是海伦娜（Helena），原本因矿业兴起，后来因为居民在艺术、户外运动上无比执着，感染城市欢乐气息，人们谈论的话题不外乎是下周末要去哪座山上骑越野自行车、健行或钓鱼。

DATA   MAP ▶ p.154

✈ FCA、BZN 都是前往重要景区的门户机场
旅游服务中心   301 S Park Ave Helena MT 59601   (1)406-841-2870
🌐 http://www.visitmt.com

↘ **焦点导览**

冰河国家公园 Glacier National Park

冰河国家公园位于蒙大拿州与加拿大交界处，虽然距离所谓主要国际城市遥远，但冰河国家公园是到了蒙大拿州绝对不能错过的景点。对于喜爱野生动物的人们而言，冰河国家公园所拥有的生态绝对可以让人大饱眼福，灰熊、麋鹿和大角羊都生活在这里，奇异绝美的蓝绿色湖泊在山林衬托下更显美丽，冰河地形更是此地亘久不变的美景。要前往冰山湖（Iceberg Lake）得健行约5小时，出发前得练好体力再上路。

Chapter5 分区导览篇

怀俄明州 State of Wyoming ★★★

怀俄明州地处美国内陆较不易抵达的区块，前往怀俄明州的旅人通常都会顺游邻近的蒙大拿州，或是专程前往全世界第一座国家公园——黄石（Yellowstone National Park）。在这片大部分贫瘠的土地上，美洲野牛奔驰的景象再经典不过。然而该州最广为人知的除了黄石公园，就是大蒂顿国家公园（Grand Teton National Park），其洁净的湖泊上总有雄伟的山峰的倒影，这也是让人千里迢迢到此一游的重点。

魔鬼塔国家自然保护区（Devil's Tower National Monument）至今仍是美国原住民主要居住的地区，每到6月成为美国原住民聚会之地。这里平地一跃而起的巨型岩石显得特别神圣。在这一块区域攀岩好手会挑战登上巨岩，喜爱露营者、健行者也绝对能找到景致优美的地方。在怀俄明州壮阔的大角羊山脉（Bighorn Mountains），对野生动物保护有加，不难见到仍需小心提防的野生动物。

图片提供／Montana office of tourism

图片提供／Montana office of tourism

DATA MAP▶p.154
✈ 主要进出 LAR、CYS 机场
旅游服务中心　🏠 5611 High Plains Road Cheyenne, WY 82007　☎ (1)307-777-7777　🌐 http://www.wyomingtourism.org

图片提供／pjhor

爱达荷州 State of Idaho ★★

被景色无敌优美的俄勒冈州、蒙大拿州包围，爱达荷州虽然较少受国际瞩目，但全州最主要的景色——野地以及极深的峡谷"地狱谷"（Hells Canyon）仍然极为壮阔，蛇河（Snake River）蜿蜒其中，深深地吸引户外运动爱好者。以博伊西（Boise）为基地，行走在19世纪建筑围绕的整齐街道上，沉醉在活力充沛的夜生活中，并且准备隔天出门健行的行囊。

爱达荷州也是滑雪胜地，太阳谷（Sun Valley）可以滑雪，站在山上眼前尽是绵延不断的雪山景象。这里较少商业气息的城市，展现出最原始自然的风貌。拥有全美最深峡谷的地狱谷国家游乐区（Hells Canyon National Recreation Area），最深处约2,692米，不管是在高处欣赏，或乘橡皮艇在蛇河上抬头仰望，都可以寻找最美的角度，欣赏峡谷上映照出的极致美丽光芒。

DATA MAP▶p.154
✈ 主要机场为 SUN、WIS，从台湾前往可搭乘需转机的班机方可抵达。
旅游服务中心　🏠 700 West State Street, P.O. Box 83720, Boise, ID 83720-0093　☎ (1)800-847-4843　🌐 http://www.visitidaho.org

159

加利福尼亚州与西北太平洋
自由风气开放的滨海绝美大地
California and Pacific Northwest

从加州说起典型的西岸风格再确切不过。南边紧邻墨西哥的南加州，一年四季阳光普照，湛蓝的天空吸引来自全世界的移民聚集，五光十色的娱乐产业让南加州予人欢乐。尽管内陆地带较为沙漠化，却也充满值得探索的国家公园与州立公园，沿海地带的巨浪则吸引冲浪好手前来一试。往北延伸到以旧金山为首的地区、气候宜人的北加州，硅谷产业让这里成为科技重镇，但却仍保留着绝美的自然风景，海岸断崖、内华达山脉上的天然秘境让人永远也探索不完。同样位于太平洋沿岸的西北太平洋区——俄勒冈州、华盛顿州，和加州一样保持着鲜明、年轻、时髦的活力与个性，可说是全美创意首脑发生地，也是全美自助旅行最便利与值得前往的地带。

加利福尼亚州与西北太平洋区域图

Chapter5 分区导览篇

加利福尼亚州 State of California ★★★★★

行驶在州际5号公路上一路从南加州到北加州，野草茂密的金黄色山丘在眼前展开。有"黄金之州"（The Golden State）之称的加利福尼亚，首府为位于西北方的沙加缅度（Sacramento）。绝美沿岸的城市，如位于最南边、接近墨西哥的圣地亚哥（San Diego），往北走的洛杉矶（Los Angeles）、圣塔芭芭拉（Santa Barbara）、圣荷西（San Jose）、圣塔克鲁兹（Santa Cruz）和旧金山（San Francisco）等，都深受地中海式气候影响，四季没有明显的分界，全年气温13℃至25℃，冬季较多降雨，8、9月较为炎热。唯独旧金山因位于海湾，当内陆气温上升时，遇到来自太平洋的冷空气容易形成湿冷的雾气，故就算是夏天到旧金山，仍需携带保暖衣物。

沿岸因气候舒适，吸引众多不同种族的人前去定居，形成加州自由、多元的气息。因同志人权斗士哈维·米尔克（Harvey Milk）等人在20世纪70年代的努力，至今卡斯楚区（Castro）每年6月的同志骄傲大游行（Gay Pride），仍为全球最知名的同志族群生活区与活动。科技与创意的发想地硅谷（Silicon Valley），科技业龙头Apple、Google、Yahoo和Facebook等的总部皆坐落于此，众多以科技、游戏为核心的创业公司（Startup）也在旧金山湾区（San Francisco Bay Area）发展，更别说影响力扩及全球的好莱坞电影工业重镇也在洛杉矶。全美品质最优良的葡萄酒则可在北加州的纳帕（Napa）、索诺玛（Sonoma）地区品尝到，数百家酒厂坐落于此，翠绿的葡萄园在加州阳光照耀下闪动人。

图片提供／Visit California

加州东部靠近内华达州的内陆，则是由纵贯的喀斯喀特山脉（Cascade Rangers）、内华达山脉（Sierra Nevada）组成，北边夏季时因为地形与充沛降水量，旅行者可以到优胜美地国家公园（Yosemite National Park）感受全美奇高无比瀑布的气势，或在北美最大的高山湖泊太浩湖（Lake Tahoe）宿营。到了冬天这里则会漫天飞雪，部分道路会因此封闭，但同时也是滑雪的极佳去处。在南边、洛杉矶以东的地区则是一片荒芜沙漠，属热带沙漠气候。莫哈维沙漠（Mojave Desert）横跨加州、犹他州和亚利桑那州，邻近北美地势最低点死亡谷国家公园（Dead Valley National Park），在春天时野花绽放颇具生机，夏天则极为酷热不适合旅游。

DATA MAP▶p.160
✈ 主要机场有北边的 SFO、SJC、OAK，南边的 LAX、ONT 和 SAN
旅游服务中心 ◼ 555 Capitol Mall, Suite 1100 Sacramento, CA 95814 ☎ (1)(916)444-4429 ◻ www.visitcalifornia.com

俄勒冈州 State of Oregon ★★★★

位于加州北方、免购物税的俄勒冈州在物价上较加州低,因此在自然风光外,到俄勒冈州购物成为旅游重点之一。大卖场多聚集在波特兰(Portland)以南的伍德柏恩(Woodburn)和靠近加州的梅德福(Medford),沿着州际5号公路就能在沿线见到前往 Outlet 的招牌。本州最知名的城市波特兰距离华盛顿州的西雅图(Seattle)南方约2小时车程,这里独立精神在当今备受推崇,独立书店、咖啡馆、酿酒厂和唱片行林立,威拉米特河(Willamette River)将波特兰一分为二,嬉皮士(Hipster)感较重的区域在东南方,而市中心则坐落在西南方,可搭乘轻轨电车或步行畅游。

俄勒冈州的地形变化极大,大部分是翠绿的森林,险峻的群山隆起令人惊叹的高度,南部的火山景观更为惊人。全州20多座火山中最美的为马札马火山(Mount Mazama),约7000年前喷发后日渐形成的火山口湖,是到俄勒冈州南部的朝圣点之一。还可至位于不远处的城市爱许兰(Ashland)参加莎士比亚节欣赏剧作,或者在维尔丹(Verdant Valley)一带的葡萄酒酿酒厂微醺。在路途中可以远望俄勒冈州最高点"胡德峰"(Mount Hood),海拔3 429米的胡德峰乃是一座活火山,但却仍吸引无数登山者前往。从俄勒冈州一路往北到华盛顿州、加拿大的喀斯喀特山脉(Cascade Range),坐落数座同样醒目的火山,因此行驶在公路上时只要往东看,很容易就能见到冰雪覆盖山头的火山群。

为俄勒冈州与华盛顿州分界的哥伦比亚河峡谷(Columbia River Gorge),最深处1 200米,在这里可以选择开车行驶在84号州际公路,或是经典的历史哥伦比亚河公路(Historic Columbia River Hwy)上,蜿蜒地盘桓在河谷间,循着方向依序在皇冠点(Crown Point)眺望壮阔峡谷,接着是一层又一层的马特诺玛瀑布(Multnomah Falls),旁有步道可以让人攀登抵达瀑布顶端。此外这里因风力强劲、水面平静,也成为极限运动者前赴后继玩风帆冲浪的去所。往太平洋方向过去则是地势崎岖的海岸线,中部地带则有俄勒冈沙丘国家游乐区(Oregon Dunes National Recreation Area),拥有看似沙漠的美国最大海边沙丘景观。

DATA   MAP ▶ p.160

✈ 主要的机场有 PDX、EUG;主要高速公路则有5号州际公路、84号州际公路西段和101号美国国道

旅游服务中心 📍 7000 NE Airport Way Suite 2201, Portland, OR 97218 ☎(1)800-547-7842 🌐 http://traveloregon.com

华盛顿州 State of Washington ★★★★★

不少初去美国的旅客常将华盛顿州与华盛顿哥伦比亚特区混淆，事实上之所以都名为华盛顿，乃源自美国首任总统乔治·华盛顿（George Washington）。华盛顿州位于美国西北部，著名城市西雅图（Seattle）即在此地，全球最大的连锁咖啡店星巴克（Starbucks）也源自于此，首家星巴克位于派克市场（Pike Place Market）。但星巴克并非西雅图喝咖啡的首选，在这座嗜喝咖啡的城市很容易就能找到超棒的咖啡店，其中位于先锋者广场（Pioneer Square）一带的时代精神（Zeitgeist），其浓缩咖啡的醇醇好滋味让连锁店也难以望其项背。每个月第一个礼拜四的艺术行走日（1T Art Walk）往往能在这区的艺廊欣赏到新展，当天也是西雅图艺术博物馆（Seattle Art Museum）的免费日。

音乐也是到西雅图必定感受得到的重要事情，20世纪90年代将另类音乐推上全美主流音乐的油渍摇滚（Grunge），在摇滚乐史上已被记上重要一笔，收藏多把经典摇滚吉他的西雅图摇滚乐博物馆（EMP, Experience Music Museum），还有当年超脱乐队（Nirvana）发迹的重要地区之一的贝尔城（Belltown），都是在20世纪90年代长大的摇滚乐迷不可错过的朝圣点。最显眼的地标太空针塔（Space Needle）在跨年时一旁会施放烟花，可至顶楼欣赏整座城市的光景。

在西雅图以东是华盛顿湖（Lake Washington），以西是普吉特海峡（Puget Sound），再往西方过去车程约3小时处则是奥林匹亚国家公园（Olympic National Park），由于多变地形与地理位置的关系，在这里可尽览冰河、温泉、温带森林、海岸线、河谷、山峰和湖泊等令人目不暇接的多样景观，而在海峡间则有多处岛屿，如圣璜岛（Sant Juan）、惠德比岛（Whidbey Island）等，都可搭乘渡轮抵达。

华盛顿州中央地带在喀斯喀特山脉（Cascade Range）的影响下，坐落着数座景致壮观惊人的活火山——圣海伦火山（Mount St. Helens）、亚当斯山（Mount Adams）等。喀斯喀特山脉隔绝华盛顿州东、西部，除了以上西部较为著名的城市及地理景观外，东部也坐落着华盛顿州第二大城斯波坎（Spokane），在这里气候较为干爽，聚集重视手工、有机生活的人们，降水上也与喀斯喀特山脉以西水汽较丰富的地区有所不同。

DATA MAP▶p.160
交 主要的门户机场有 SEA、SFF 和 BLI
旅游服务中心 地 701 Pike Street, Suite 800 Seattle, WA 98101 电 (1)866-732-2695
网 http://www.visitseattle.org/Home.aspx

海外州与境外领土

风采自成一格的绝美独特区域
Alaska, Hawaii and Dependent territory

美国领土除本土的 48 州和 1 特区外，海外州分别为阿拉斯加州、夏威夷州，还有不隶属于州的境外领土如关岛、波多黎各、美属维京群岛和北马里亚纳群岛邦，它们也同样深受观光客瞩目。由于分布在世界各地，这些地方具有独一无二的地理景观与风情，阿拉斯加州夏、冬各有吸引户外活动玩家的玩法，绝不能错过的景观即是冰川；而由多岛组成的夏威夷州，最令人惊叹的部分是火山与海滩风光；距离中国台湾不远的关岛、北马里亚纳群岛邦首府塞班岛，是极休闲的海岛度假胜地；而波多黎各则以那不羁且文化和种族大熔炉的加勒比海风情最具吸引力；位于东边的美属维京群岛则接纳众多搭乘邮轮前往的游客。

境外领土区域图

Chapter5 分区导览篇

夏威夷州 State of Hawaii ★★★★★

初到夏威夷州的首府檀香山（Honolulu），可能会对眼前的"大城市"景色感到困惑，传说中的草裙舞、椰子树和无敌海景在哪里呢？檀香山位于多数人们前往夏威夷的首站瓦胡岛（Oahu），1 543.5平方公里的面积说大不大、说小不小，开车绕一圈仍需要5个小时左右，是美国消费指数最高的城市之一，充斥着城市高楼的景象与一般人对夏威夷的印象大相径庭，但实际上拥有19座主要岛屿、上百座大小岛的夏威夷，拥有独特的火山、海岸和沙漠景致，是一处现代化与原始对比极大的州，绝对能满足不同旅行喜好的人们。

首站到达瓦胡岛檀香山，可以直接到热力十足的威基基海滩（Waikiki），旅馆就位于海滩沿线，让众多游客免于舟车劳顿就能天天在这里晒太阳、冲浪、玩帆船。由于日本观光客众多，在这一带日文也通。因观光客太多，冲浪高手往往会往北边走，先在哈雷瓦镇（Hale'iwa）稍作休息，接着拿着冲浪板前去挑战无敌巨浪。在檀香山市区则可以参观古老、使用上万块珊瑚礁为建材的卡瓦依阿豪教堂（Kawaiaho'o），或是驱车前往在历史上已深深记下一笔的珍珠港（Pearl Harbor），如今在当地可以见到亚利桑那号（Arizona Memorial）的残骸，体会侵略者之残酷。

在夏威夷州各岛间往来的方法是搭飞机。夏威夷大岛（Hawaii）上有惊人的夏威夷火山国家公园（Hawaii Volcanoes National Park），园内的莫纳罗亚火山（Mauna Loa）、基拉韦厄火山（Krlauea）是世界上数一数二的仍然活跃的火山，游客可以参加搭乘直升机的行程从空中欣赏火山景致，或驱车到北边踏寻古老的庙宇及雕刻，并且继续在沙漠休闲一下午。毛依岛（Maui）最不能错过的是浮潜或深潜，见到海龟的概率相当高，冬天则有机会在岸边直接见到鲸鱼。

MAP ▶ p.164

DATA
交 HNL、OGG 为主要机场
旅游服务中心 址 2270 Kalakaua Avenue, Suite 801, Honolulu, HI 96815 电 (1)800-464-2924 网 http://www.gohawaii.com

↓ 焦点导览

考爱岛

在电影《继承人生》中被视为夏威夷最后一处低开发度岛屿的考爱岛（Kauai），由于中心地带是峻岭，在地理景观上形成只有在美国本土上才能看得到的峡谷——威美亚峡谷州立公园（Waimea Canyon State Park），这里一天当中在阳光折射下会产生不同的色泽，欣赏壮观的瀑布则又是另一种体验。到了岛屿怎能错过海边，在考爱岛南边的波伊扑海滩（po'ipu）是该岛最宜人的冲浪、游泳和欣赏海豹的去处。

阿拉斯加州 State of Alaska ★★★★★

地处遥远的边境，美国最原始，并且也是面积最大的阿拉斯加州，坐拥全美国最具吸引力的冰河景观及言语难以形容的浩瀚群山。最靠近的大陆为加拿大的育空区（Yukon）和英属哥伦比亚（British Columbia），要前往这处北极圈内的美国一州，最好的方法是从加拿大搭邮轮或是直接搭飞机前往。因为气候的关系，夏天是旅游旺季，到了冬天尽管气温骤降至零下40℃至50℃，但因为9月至隔年3月看到极光的概率最高，仍吸引世界各地希望一圆看极光梦想的旅人。

光阿拉斯加一州就有8座国家公园，可想而知这片土地的珍贵性，因此该州有"最后的处女地"（The last frontier）之称。提到阿拉斯加州，多数人第一个想到的画面即是冰天雪地，但其实在夏天内陆和部分城市野花绽放，鲑鱼在河里产卵，游客能亲眼见到掠食者——熊和秃鹰捕食画面的概率极高。到该州一定要参加的游程是搭船至冰河湾国家公园和保护区（Glacier Bay National Park and Preserve）近距离见识冰山给人的震撼，或是在基奈湾国家公园（Kenai Fjords National Park）以健行的方法眺望冰河，沿途都有为数不少的小镇可作停留。火车迷则不能错过极光列车，在安克雷奇（Anchorage）上车，一路前往看极光的基地费尔班克斯（Fairbanks）。

DATA MAP▶p.164
✈ 最主要机场为 ANC
🏢 旅游服务中心 📍 800 Glacier Avenue, Suite 201, Juneau, Alaska 99801 ☎ (1)907- 586-2201 🌐 http://www.travelalaska.com

🔍 焦点导览

安克雷奇 Anchorage

因为交通便利，安克雷奇是阿拉斯加州规模最大的城市，副北极气候让此地冬季冰冷潮湿，纬度低也使得冬季特别漫长。每年2月在市中心举办的冰雕展以创意造型取胜，7月游客可以到鲑鱼观赏甲板（Salmon Viewing Deck）上亲眼见到鲑鱼逆流而上的场景，在邻近的库克湾（Cook Inlet）有机会见到难得一见的白鲸。可以说全市、全州尽是低至中度开发的旷野，为旅游的终极朝圣圣地。

关岛 Guam ★★★★★

从中国台湾前往，飞行时间仅约3.5个小时，就能抵达位于西太平洋的美国属地——关岛。关岛跟其他位于太平洋的岛屿一样，约11至次年5月为干季，6至10月为雨季。干季时旅馆价位较高，雨季时尽管容易乌云密布，但下完雨后又是一阵宜人的天气，且人们可以到免税的大卖场大肆采购世界精品、美国当地品牌的商品。

关岛面积约两个台北市大，原住民是查莫洛人（Chamorro）。关岛一直到了第二次世界大战后才变成美国的属地，一方面为军事基地，另一面则以岛屿风情吸引众多游客。在机场租车，或是搭乘旅馆提供的接驳车逛遍全岛皆可畅行无阻。岛上主要游憩区大概可分为杜梦湾区（Tumon Bay）、首府区和南部，主要的大卖场、精品店聚集在顺着海湾而延伸的圣维多利亚路（Pale San Vitores Rd）上，密克罗尼西亚广场购物中心（Micronesia Mall）、关岛超级清仓大卖场（Guam Premier Outlets）、卡马特（Kmart）和Gently Blue以及部分精品品牌在这里都设有大卖场，让人不用到遥远的美国本土，就能享受同样好买的美式购物体验。

由于拥有8座高尔夫球场，关岛陆上的活动也很精彩。由于南部较多丘陵地，游客可以在这里租越野车在树林间探险，或是参加射击课程练就好枪法。沿着溪流前往山上的瀑布和洞穴，走上席拉湾展望台（Sella Bay Overlook）眺望岛屿的美丽。在岛屿上举行婚礼是不少人的梦想，有不少游客会选择在关岛的教堂举办终身大事，或是与随行摄影师到当地拍摄婚纱照，以蔚蓝天空与海洋为背景，或到恋人岬（Two lover's point）的心形花园留影、敲幸福的钟。

DATA
✈ 有机场 GUM
🏢 旅游服务中心 📍 401 Pale San Vitores Road, Tumon, Guam, 96913 ☎ (1) 671-646-5278 🌐 http://www.visitguam.org.tw

▶ 焦点导览

杜梦湾 Tumon Bay

半月形的杜梦湾长约4公里，沿岸的沙滩是到关岛一定得享受的绝美景点，清澈的海水让海底的珊瑚礁一览无遗。因为外围礁石的天然屏障，沿海水域也相对平静。同时为主要旅馆聚集区和观光主要聚集地。沿岸有一处约瑟夫·佛罗里斯总督海滨公园（Joseph Flores Beach Park），提供完善、类似海水浴场的冲洗设备。沿着海湾则有大小沙滩环绕出完美的弧形。

北马利安纳群岛 Northern Mariana Islands ★★★★

北马利安纳群岛属于美国的自治邦，位于西太平洋间，虽然拥有 15 座主要岛屿，但其中最受到游客欢迎的是塞班岛（Saipan），同时也是北马利安纳群岛的首府所在。塞班岛距离关岛约 30 分钟飞行时间，吸引众多世界顶尖潜水好手前去当地海域的蓝洞（Grotto）潜水，海里面的石灰岩洞散发出极深的奇异蓝色，而蓝洞外则是许多海洋生物栖息的海底峭壁。不潜水的游客在岸上照样有惊喜，鸟类主要栖息地鸟岛（Bird Island）在临近海岸处平地而起，四面断崖颇具气势。最有名的军舰岛（Managaha Island）就像是完美的无人岛，四周是白色沙滩，岛中央则是绿意盎然的树林。附近尚有拥有美妙回声及特殊海浪喷洞（Blow Hole）、星砂沙滩（Chulu Beach）的天宁岛（Tinian Island）以及充满原始犷味的罗塔岛（Rota Island）。

DATA
✈ 塞班岛的主要机场有 SPN
旅游服务中心　址 P. O. BOX 500861, Saipan, MP　96950　☎ (1)670-664-3200　🌐 http://www.mymarianas.com

美属维京群岛 Virgin Islands of United States ★★★★

美属维京群岛分布在波多黎各的东方海域上，是属于美国的非合并领土，热带气候让这里成为远离美国本土尘嚣的度假天堂，主要有三处旅游性质的岛屿——圣约翰岛（St. Paul）、圣克罗伊岛（St. Crois）和圣托马斯岛（St. Thomas），此外还有数十座小岛满布这片蔚蓝的海。其中圣约翰岛是美国的国家公园之一，可以潜水、搭缆车、划独木舟和漫游过去欧洲列强殖民时留下的建筑。在美属维京群岛旅游，其实不用安排太多行程，尽情躺在白色沙滩上就对了。

DATA
✈ 主要机场为 STT、STX
旅游服务中心　址 Virgin Islands National Park, 1300 Cruz Bay Creek　☎ (1)340-776-6201　🌐 http://www.visitusvi.com

波多黎各 The Commonwealth of Puerto Rico ★★★★★

有沙滩、散发西班牙风情、居民爱狂饮,向来展现出不羁性格的波多黎各,是美国在加勒比海的属地之一,接近海地、古巴等中美洲国家,因为亨特·汤普森(Hunter S. Thompson)的小说《兰姆酒日记》(The Rum Diary)而声名大噪,更让向往加勒比海生活的颓废旅人们趋之若鹜。首府为圣胡安,在这座西班牙人建立的城市,街区色彩斑斓,加勒比海的航海风情环绕,让这里仿佛还具有西班牙的灵魂,因此成为美国海外领土中最具南欧殖民色彩的一处。

由于一年四季温度高于20℃,波多黎各已经成为美国人热衷于前往的主要度假胜地。殖民风情深深烙印在波多黎各的各个方面,拉丁美洲文化在这里永续流传。加勒比海一带长久孕育的饮酒文化在这里明显可见,老街区巷弄间的酒吧不计其数。19世纪留存至今的庞赛消防局(Parque de Bombas)如今成为博物馆。本岛外须搭船前往的帕洛米诺岛(Palomino Island)的洁净剔透的海水和细致的白沙滩完全符合人们对加勒比海岛屿的期待。本岛有多处风速适合风帆冲浪的地点以及世界级潜水点。岛上的热带雨林间则有高空滑索活动,让人们在雨林间极速狂飙。还可以探寻深不可测的洞穴,满足不同喜好的游客。

DATA
✈ 主要机场为 SJU
🛈 旅游服务中心　🏠 La Princesa Bldg #2 Paseo La Princesa, Old San Juan, PR 00902　☎ (1)800-866-7827　🌐 http://www.seepuertorico.com

↘ 焦点导览

圣胡安 San Juan

至今仍保存良好的老圣胡安(Old San Juan),是圣胡安这座大城的历史保留街区,遍布艺廊、博物馆和酒馆以及从16世纪就矗立在海湾边的老碉堡,是圣胡安国家历史保护区(San Juan National Historic Site)的一部分。在这里,循着历史痕迹构筑过往疯狂年代的最佳去处;若想要抛离浪漫情绪回到现实,就到哈托湾(Hato Bay)世界上最大的希尔斯购物中心(Sears),或在全市人口最多的区域桑图尔赛(Santurce),感受来自各方的文化冲击。晚上在集市广场(Plaza del Mercado)点一杯热带风情的调酒,悠悠度过加勒比海之夜。

实用资讯……………………172
实用旅行美语………………174

Chapter 6
旅游资讯篇

实用资讯

有了这些旅游须知，一切都搞定！

● 治安

如何避免遇上抢劫与冲突

在美国旅行最忌讳只身前往臭名昭著的治安不良地带，多数枪击暴力事件发生在大都会中的经济弱势区域，因此出发前务必向去过的朋友打听，或是直接上网站（http://www.trulia.com/crime/#）查询即将前往的城市的犯罪分布图，网页左方可以选择枪击、小偷、抢劫等选项。一般来说对观光客威胁最大的乃是抢劫，即使是在治安良好的地区，若是太沉迷于在路上盯着智能手机，很有可能被犯罪分子火速抢劫，因此不管人在哪里，仍有必要时时提高警惕。愈来愈多的人进行的"搭便车"旅行，在人口组成复杂、有很多荒凉地带的美国也尽量不要尝试。

一般观光最常去的几个城市，尽管整体看来光鲜亮丽，但仍有一些区域最好不要误闯，以免徒生麻烦。例如到了洛杉矶，最好不要傍晚后去市中心（Downtown），尤其是San Pedro St以东、Third St以南、Central Avenue以西、Seventh St以北的"Skid Row"区域，这里的游民人口数3 000至6 000人。距旧金山和联合广场仅一街口之遥的田德隆区（Tenderloin），尽管有许多美味的餐厅与酒吧值得一去，但最好和熟门熟路的人一起去较为保险。纽约的哈林区近年渐渐吸引观光客前往，但到东哈林区（East Harlem）旅游仍需要特别提高警惕。美国虽然是世界强国，但同时也面临极大游民、帮派和枪支的问题。

相关急难救助单位

- 美国警察局、消防局、救护车拨打专线 📞 911
- 旅外国人急难救助全球免付费专线
  📞 011-800-0885-0885
- 中国驻美国大使馆紧急联络电话：1-202-495-2566
- 中国驻纽约总领事馆紧急联络电话：1-212-244-9392 分机1000（24小时值班）

● 商店营业时间

办公室一般工作时间为08:30至17:30，若有需要打客服电话最好于上班时间拨打，但等半小时才有人员接通是家常便饭。商店营业时间依据位于城市或乡镇而有不同，一般来说11:00至18:00最为常见。餐厅通常下午会休息，仅开中午、傍晚至晚上时段。酒吧通常中午就开始营业，部分地区至凌晨02:00就不能再点酒。

● 通信

使用自己的手机打电话

中国手机若开通漫游服务，可于纽约直接漫游。从纽约打中国的室内电话，拨011（美国国际码）+86（中国国码）+区码（去0）+电话号码；若拨打手机，请拨011+86+手机号码。若在纽约用中国手机拨纽约电话，直接拨区码(area code)和电话号码即可。

从中国打电话到美国，拨美国国际码001+区域号码（3码）+当地电话号码，例如纽约市电话的区码为212、646、917、347、718、929，若纽约电话为212-123-4567，从中国拨打时应拨001-212-123-4567。

使用公共电话打电话

找到公共电话后，请先拿起话筒，听到拨号声，接着投下50美分的硬币或刷卡，再拨打纽约当地号码，拨号方式为区码+7位数字电话号码。

若是拨打长途电话，有的公共电话需先拨号，待语音提示应该投多少金额后，再拨下硬币；有的则先投50美分，拨号后若需补差额，语音会说明金额，待补足后才通话。拨号方式为1+区码+7位数字电话号码。

若需接线生代拨，请先按0或00。用这个方式可拨打对方付

费电话，接线生会先询问对方是否愿意付费才通话。

除机场以外，一般的公共电话没办法直接拨打国外，若找到可直拨中国的公共电话，拨号方式与手机直拨一样，打中国的室内电话，拨011（美国国际码）+86（中国国码）+区码（去0）+电话号码；若拨打手机，请拨011+86+手机号码。

要用公共电话拨回中国，建议买国际电话卡，把公共电话的话筒拿起来后拨打电话卡上的号码，接着按照语音指示拨号。

● 邮寄服务

美国的邮局叫作美国邮政（USPS），是在当地相对便宜的邮寄选择。除了平信外，都可以上网（https://www.usps.com/）搜寻邮件和包裹动态。此外美国最常见的邮寄公司还有联邦快递（FedEx）、美国联合包裹（UPS）。

● 公共厕所

美国公共厕所不甚发达，一般地铁出入口鲜见厕所，但部分城市如旧金山则在人流密集处设立免费公共厕所。若没遇到公共厕所，向咖啡店或餐厅借厕所时须先询问，大部分的店家只让顾客使用，顾客要使用厕所得先向店员借钥匙才能开启。一般大型百货公司和超市多有厕所可直接使用。

谨记911电话

在美国若遇上重大事故，911除了可以叫警察，也可以叫救护车。但要注意在美国若使用救护车，需要支付一笔至少上千元美金的费用。若途中遇到使用担架、颈套等器材，也需要个别支付费用。

出国前准备的医疗物品清单

在美国若要买成药，去一般大型超市即可，但最好事先随身携带以备不时之需。美国虽然卫生条件不差，但在旅途中若去郊外踏青，则仍有可能误食不干净的食物及着凉。而且美国的郊外十分原始，遇见蛇、蝎子的概率很高，到野外时尽量穿长裤、布鞋，不要用手触摸不熟悉的植物。美国也很常见一种寄生虫——扁虱，会吸血并传染疾病。到野外时要先注意告示牌上该公园管理员的提醒。

医疗物品	重要性	已携带
感冒药	●	
晕车药	○	
防蚊液	○	
镇痛胶布	○	
抗生素药膏	●	
肠胃药	○	

（●重要 ○依个人情况）

● 怎么网购商品

在美国购物并不像想象中的方便，想要把旅行时间花在欣赏美丽景物上，而非找破头买某一件特定商品，最方便的方法就是网购。若已经选定住宿的旅馆，建议可以跟旅馆联络是否可把网购的商品先寄到旅馆，等到办理入住时领取即可。美国最大的购物网站亚马逊，总有令人惊喜的价格，并且时不时有免运费优惠。想买3C商品的人，则可以到指定品牌的官网下订单，只要先记好旅馆地址及邮递区号，注意寄送时间（或者可加钱选择更快速的航空包裹），就能在抵达美国前搞定血拼事宜。

● 美国与中国的尺寸对照

情况	美国常用单位	中国常用单位	换算方式
气温	华氏°F	摄氏°C	摄氏=（华氏-32）*5/9
行车	英里 Miles	公里 Kilometer	1英里=1.609347公里
加油	加仑 Gallon	升	1加仑=3.785411784升
购物	磅 Pound	公斤 Kilogram	1磅=0.4536公斤

实用旅行美语

学会基本会话，畅通美国无阻

🌑 基本会话

中文	英文
你好	How are you ?
我很好	I am good.
不太好	I am not very well.
很高兴认识你	Nice to meet you.
早安	Good morning.
午安	Good afternoon.
晚安	Good night.
是	Yes.
不是	No.
请	Please.
谢谢	Thank you.
不客气	You're welcome.
不好意思	Excuse me.
对不起	Sorry.
哈啰	Hello.
再见	Goodbye.
我的名字是……	My name is ….
你的名字是?	May I know your name ?
我来自中国	I am from China.
我只会说一点点英文	I only speak a little English.
我不懂	I don't understand.
我现在懂了	Now I understand.
我很喜欢这里	I am really like here.
我来旅行	I am here for travel.
这个多少钱?	How much is it ?
现在几点?	What time is it ?
我可以在这里吃东西吗?	Can I eat here ?
不好意思，你可以再说一次吗?	Sorry, can you say that again ?
最近过得如何?	What's up ?
保持联络	Keep in touch.
飞行旅途顺利吗?	How was the flight ?

🌑 交通

中文	英文
火车	train
公交车	bus
船	boat/ship
邮轮	cruise
飞机	airplane
地铁	subway/metro
单程	one way.
往返	round way.
下一班	next
时间表	timetable
向左走	Turn left.
向右走	Turn right.
直走	Go straight.
入口	Entrance
出口	Exit
火车何时抵达/离开?	What time does the train arrive/leave ?
请问最近的公交车站在哪里?	Where is the nearest bus station ?
请问怎么去时代广场?	May I know where is Times Square ?
我想买一张去____的车票	I'd like a bus ticket to ____.
我想租一辆车	I'd like to rent a car.
我需要辆车代步	I need a car to get around.
租车处	Rental car.
航站楼	Terminal.
你喜欢健行吗?	Do you like hiking ?
告诉我你最喜欢的健行路线	What's your favorite route ?
我迷路了	I've lose my way.
可以告诉我怎么去旧金山吗?	Can you show me the way to San Francisco ?

Chapter6 旅游资讯篇

购物

中文	英文
一百元钞	one-hundred dollars
五十元钞	fifty dollars
二十元钞	twenty dollars
二角五	quarter
一分	penny
五分	nickel
一角	dime
什么时候开门 / 关门？	What time dose it open/close?
我需要把我的人民币换成美元	I need to change my CNY dollars into US dollars.
我可以试穿吗？	Can I try it on?
我穿 7 号鞋	My shoe size is 7.
可以便宜一点吗？	Can I get discount?
这件太大 / 太小了	This is too big/small.

心情与健康

中文	英文
我很开心	I am so happy.
我很不爽	I am so upset.
我很难过	I am so sad.
我觉得受骗了	I feel cheated.
我背受伤了	I hurt my back.
我腿很酸	My legs are sore.
我好像生病了	I am feeling sick.
我需要去看医生	I need to see a doctor.
请问医院在哪里？	Do you know where the hospital is?
我很沮丧	I am depressed.
我精神很好	I am full of energy.
哪里买得到维他命？	Where can I find vitamins?
我很渴	I am thirsty.

饮食

中文	英文
前菜	Appetizer
主菜	Main Course
甜点	Dessert
开胃酒	Aperitif Wine
调酒	Cocktail
菜单	Menu
我要订位	I'd like to make a reservation.
我们有两位	We have two.
请帮我倒水	Can I have some water, please.
结账	Check, please.
你们收信用卡吗？	Do you accept credit card?
请问这附近有酒吧吗？	Are there any bars around here?
你们使用有机食材吗？	Is your food organic?
我们想分开结账	We would like to separate checks.
请问哪一支是当地啤酒？	Do you have a local beer?
我对海鲜过敏	I am allergic to seafood.
我需要一张儿童座椅	I need a chair for small children.
这家餐厅的招牌菜是什么？	What's the specialty of this restaurant?
可以推荐菜品吗？	What do you recommend?
我想要一杯不加冰块的水	I would like a cup of water without ice.
我想喝一杯新鲜果汁	I would lik a 100% not concentrate fresh juice.
我可以在这里拍张照吗？	Can I take a picture here?

住宿

中文	英文
我需要一间双人房	I need a room for two.
单人房一晚房价多少？	What's the room rate for a single room?
我想多住一晚	I'd like to extend my stay one day.
我大约早上十点左右抵达	I will be there at 10am.
洗衣多少钱？	How much for the laundry service?
我想订一间今晚要住的房间	I'd like to book a room for tonight.
我要禁止吸烟的房型	I need a non-smoking room.
我可以几点进房、退房？	When do I check-in/check-out?
旅馆位置好吗？	Is this hotel in a good location?
附近有什么好吃的吗？	Are there any good places to eat nearby?
我该避开哪些治安不好的地段？	Which areas should I avoid?
我需要先付订金吗？	Should I pay a deposit first?

北京版权局著作权合同登记图字：01-2014-4937号

策　　划：丁海秀　李荣强
责任编辑：陈　志

图书在版编目（CIP）数据

第一次自助游美国超简单/李思娴编著、摄. —— 北京：旅游教育出版社，2015.7
ISBN 978-7-5637-3121-3

Ⅰ. ①第… Ⅱ. ①李… Ⅲ. ①旅游指南—美国 Ⅳ. ①K971.29

中国版本图书馆CIP数据核字（2015）第015584号

本书由台湾宏硕文化事业股份有限公司授权出版

第一次自助游美国超简单

李思娴　编著

李思娴　行遍天下记者群　摄影

出版单位：	旅游教育出版社
地　　址：	北京市朝阳区定福庄南里1号
邮　　编：	100024
发行电话：	（010）65778403　65728372　65767462（传真）
本社网址：	www.tepcb.com
E-mail：	tepfx@163.com
排版单位：	北京旅教文化传播有限公司
印刷单位：	北京嘉业印刷厂
经销单位：	新华书店
开　　本：	720毫米×1000毫米　1/16
印　　张：	11
字　　数：	207千字
版　　次：	2015年7月第1版
印　　次：	2015年7月第1次印刷
定　　价：	35.00元

（图书如有装订差错请与发行部联系）